Werner Thiede

Theologie und Esoterik

Eine gegenseitige Herausforderung

EVANGELISCHE VERLAGSANSTALT
Leipzig

Die Deutsche Bibliothek – Bibliographische Information

Die Deutsche Bibliothek verzeichnet diese Publikation in der Deutschen
Nationalbibliographie; detaillierte bibliographische Daten sind im Internet über
‹http://dnb.ddb.de› abrufbar.

© 2007 by Evangelische Verlagsanstalt, Leipzig
Printed in Germany · H 7161
Sämtliche Rechte vorbehalten
Covergestaltung: Kai-Michael Gustmann, Leipzig
Satz, Druck und Binden: Druckerei Böhlau, Leipzig

ISBN 978-3-374-02481-0
www.eva-leipzig.de

Inhalt

In memoriam Reinhart Hummel (1930–2007)

Vorwort

In letzter Zeit wurde verschiedentlich die Parole ausgegeben, hinsichtlich des Esoterik-Booms in unserer Gesellschaft sei »Entwarnung« angesagt. Bevor sich die akademische Theologie überhaupt in angemessener Weise mit dem neuen spirituellen Trend der letzten Jahrzehnte auseinandergesetzt hat – was von ihr im Unterschied zur neueren Religionswissenschaft eben kaum behauptet werden kann –, wird bereits wieder zum Rückzug geblasen. Dabei ist es durchaus offen, wie die religionssoziologischen Beobachtungen hinsichtlich der Veränderungen der Esoterikszene zu interpretieren sind. Im Vortwort des in der Reihe »Ullstein Esoterik« erschienenen »Esoterik Jahrbuchs 2006« heißt es ganz richtig: »Aus den Ecken und Nischen der Subkultur ist die Esoterik-Bewegung heute längst im Mainstream angekommen.« Die Herausforderung christlicher Theologie durch die Esoterik besteht insofern unvermindert weiter. Deshalb habe ich die Einladung durch die Herausgeber der Reihe »Forum Theologische Literaturzeitung«, den 20. Band zum Thema »Theologie und Esoterik« zu schreiben, gerne angenommen.

Dabei wollte ich möglichst wenig von dem wiederholen, was ich bereits 1995 in meinem Buch »Esoterik – die postreligiöse Dauerwelle« ausgeführt habe. Damals sind unter anderem (Jugend-)Okkultismus, »New Age« und Synkretismus thematisiert worden. Inzwischen sind zwölf Jahre ins Land gegangen, in denen sich manches weiterentwickelt hat – nicht zuletzt meine eigene Forschung. Vor sechs Jahren erschien meine systematisch-theologische Habilitationsschrift »Wer ist der kosmische Christus? Karriere und Bedeutungswandel einer modernen Metapher«, in deren II. Hauptteil es um die esoterischen Zugriffe auf die kirchlich tradierte Christologie ging. Inzwischen sind die beiden genannten Bücher vergriffen. Worüber sollte ich also in dem neuen Band schreiben?

Ich habe mich entschlossen, den knapp bemessenen Raum dieses Büchleins – das übrigens gleichzeitig mit einer ausführlichen Studie zum Theodizee-Problem (Gütersloher Verlagshaus) erscheint – mit drei Kapiteln zu thematisch zentralen Fragestellungen zu füllen. Das erste führt mit grundlegenden Überlegungen in die versuchte Verhältnisbestimmung von Theologie und Esoterik auf meinem derzeitigen Erkenntnisstand ein. Das zweite stellt sich der für eine solche Verhältnisbestimmung höchst relevanten Thematik gegenwärtiger Wunderheilungen. Und im dritten Kapitel widme ich mich der strukturell in heutiger Esoterik nahezu überall präsenten Überzeugung von der Wahrheit der Reinkarnationsund Karma-Lehre.

Dass die angestrebte Verhältnisbestimmung von Theologie und Esoterik damit nicht erschöpfend behandelt ist, muss ich kaum betonen. Ich hoffe aber, mit dieser Studie eine Schneise geschlagen zu haben für ein intensiveres Wahr- und Aufnehmen der theologischen Herausforderungen, die durch die Vulgär- und System-Esoterik unserer Zeit gegeben sind, um vielleicht bei anderer Gelegenheit auf die Thematik zurückkommen zu können.

Neuhausen/Enzkreis, Epiphanias 2007   *Werner Thiede*

A. Theologie und Esoterik: Versuch einer Verhältnisbestimmung

THESE: Christliche Theologie muss realisieren, dass sie es beim Esoterik-Boom unserer Zeit mit den Stärken und Schwächen eines konsequenten spirituellen Monismus zu tun hat, um hierauf von ihrem trinitarischen Gottesverständnis aus zu antworten.

1. Theologie – ratlos vor der Esoterik?

Seit Jahrzehnten ist wissenschaftliche Theologie stolz darauf, die Kategorie der Erfahrung im großen Stil wiederentdeckt und damit mehr Lebensnähe gewonnen zu haben.[1] Umso erstaunlicher ist der Umstand, dass gerade jenes längst schon gesellschaftlich relevant gewordene Feld, auf dem spirituelle Erfahrung seit jeher großgeschrieben wird, nämlich das der Esoterik, kaum im Fokus ihrer Wahrnehmung steht. Die Beschäftigung mit der Esoterikwelle wird in der Regel einigen wenigen Fachleuten oder Instituten überlassen. Wissenschaftliche Theologie sieht offenbar in der Esoterik weithin nur Exotik. Damit aber stellt sie sich ein Stück weit selbst ins Abseits – zu wenig realisierend, wie sie selber in der Gefahr steht, immer mehr zu einem exotischen Fach zu werden.

Denn so viel steht fest: Das kulturelle Phänomen einer vitalen Esoterik – und zwar keineswegs nur auf dem Büchermarkt[2], sondern in Gestalt individuell und gemeinschaftlich gelebter Spiritualität, lässt sich von theologi-

---

1   Vgl. z. B. H. D. Preuß (Hg.): Erfahrung – Glaube – Theologie, Stuttgart 1983; Werner Thiede: Art. Erfahrung, in: Praktisches Lexikon der Spiritualität, hg. von Chr. Schütz, Freiburg i. Br. 1988, 174–176; ders.: Art. Erfahrung. V.: Spirituell, in: LThK³ 3 (1995), 757 f.

2   Dahingehend argumentiert der Religionswissenschaftler Christoph Bochinger:»New Age« und moderne Religion, Gütersloh 1995², 308 ff.; dagegen Wouter Jacobus Hanegraaff: New Age Religion and Western Culture, Leiden 1997; Friedrich-Wilhelm Haack: Das ›New Age‹ als Pseudophänomen?, in: B. Haneke/K. Huttner (Hg.): Spirituelle Aufbrüche. New Age und ›Neue Religiosität‹ als Herausforderung an Gesell-

scher Seite nicht ungestraft ignorieren. Zu Beginn der 90er Jahre hatte
Hans-Jürgen Ruppert noch notiert, es habe »den Anschein, als ob sich die
christlichen Kirchen wenigstens für die nahe Zukunft darauf einzustellen
haben, daß viele Menschen Hoffnung und Lebenssinn aus einer okkulten
Religiosität neben den Kirchen und dem traditionellen Christentum
beziehen.«[3] Dieser »Anschein« ist mittlerweile einer unbestreitbaren Fakti-
zität gewichen.[4] So ließ schon die dritte EKD-Umfrage zur Kirchenmitgliedschaft »ein erhebliches Interesse vor allem der jüngeren Befragten an
spirituellen, esoterischen, übersinnlichen Phänomenen erkennen.«[5] Und
laut einer im Frühjahr 2006 vorgelegten Umfrage der »Identity Foundation«
(Düsseldorf) in Verbindung mit dem Soziologie-Lehrstuhl der Universität
Hohenheim, beruhend auf einer repräsentativen Basis von 1000 Interviews,
interessiert sich heutzutage fast jeder zweite Deutsche für esoterische Fragen.[6] Geht man aktuell davon aus, dass knapp zwei Drittel der deutschen
Bevölkerung einer der großen Kirchen angehören,[7] während dieser Umfrage
zufolge nur ein Fünftel der Deutschen ausdrücklich atheistisch eingestellt
ist, dann lässt sich aus dem Gesamt der Zahlen indirekt schließen, dass wohl
bis zur Hälfte der Kirchenmitglieder an esoterischen Fragen interessiert sein
dürften.[8] In verstärkter Weise befinden sich besagter Umfrage zufolge ungefähr 15 Prozent der erwachsenen Bevölkerung – vermutlich also rund zehn

---

schaft und Kirche, Regensburg 1991, 102–113. Der Büchermarkt würde als Markt
nicht funktionieren, gäbe es nicht die esoterisch interessierte Kundschaft!

3 Hans-Jürgen Ruppert: Okkultismus – Geisterwelt oder neuer Weltgeist? Wuppertal
1990, 133.

4 Julia Iwersen erblickt als Religionswissenschaftlerin in der Esoterik eine zukunfts-
trächtige Wiederherstellung der Sinngebungsleistung traditioneller Religion (Wege
der Esoterik, Freiburg i. Br. 2003). Vgl. auch die Analysen bei Matthias Pöhlmann:
Esoterik als Sehnsuchtsreligiosität, in: EvTh 65 (2005), 26–40; Reinhard Hempelmann: Moderne Esoterik und christlicher Glaube, ebd., 41–57.

5 Studien- und Planungsgruppe der EKD: Fremde Heimat Kirche, Hannover 1993, 13;
vgl. 11. Zu dieser Zeit gehörte fast jedes dritte Buch in Deutschland dem Umfeld von
Esoterik und Lebenshilfe an (laut »Spiegel« 52/1994, 83).

6 Vgl. Michael Utsch: Neue Umfrage bestätigt Einsichten der EKD-Perspektivkom-
mission, in: Materialdienst der EZW 69 (2006), 306–308, hier 306.

7 Ebenso viele lassen sich laut jener Umfrage von religiösen oder spirituellen Fragen
ansprechen.

8 Vor einem Jahrzehnt wurde geschätzt, Mitglieder und Sympathisanten esoterischer
Gruppen würden sich zu einem Drittel aus Kirchgängern zusammensetzen (Michael
N. Ebertz: Ich habe meinen eigenen Glauben. Christentum, Kirche und religiöse
Sehnsüchte aus soziologischer Sicht, in: CiG 48 [1996], 205 f. und 213 f.).

Prozent der volkskirchlichen Mitgliedschaft – spirituell auf der Suche nach ihrer »inneren Mitte«[9]. Diese Zahlen sollten nicht kleingeredet werden. Zwar ist mittlerweile ein leichter Rückgang gesellschaftlicher Esoterik-Bewegtheit[10] feststellbar, doch das besagt wenig: »Esoterische Annahmen sind längst in breitem Umfang von der Hauptkultur rezipiert, wie z. B. die enorme Verbreitung der Reinkarnationsvorstellung oder astrologischer Überzeugungen zeigt, sodass das ›kultische Milieu‹ der Esoterik-Szene im engeren Sinn für die Vermittlung solcher Vorstellungen schließlich an Bedeutung verliert.«[11] Fakt ist: Millionen von Menschen innerhalb und außerhalb der Kirchen sind an Esoterik mehr oder weniger deutlich interessiert. Sie verdienen es, von Seiten der christlichen Theologie entsprechend wahrgenommen und berücksichtigt zu werden.

Doch das geschieht bislang nur zögerlich und bleibt allemal Flickwerk. Der Herausforderung durch die Esoterik »haben wir uns noch nicht wirklich gestellt«, räumt Theo Sundermeier ein und erklärt: »Von der Kirche müssen sich Esoteriker nicht trennen. Manche finden einen neuen Zugang zu ihr, für die meisten aber wird sie irrelevant. Um das Evangelium lebendig werden zu lassen, bedarf es für sie ergänzender Offenbarungen neognostischer Art … Kirche und Theologie haben sich diesem Problem bisher nicht ausreichend gestellt.«[12] Theologie und Kirche erweisen sich

---

9   »Damit zählen mehr als sechs Millionen Deutsche zur Gruppe spiritueller ›Sinnsucher‹, die besonders aus christlicher und anderer Mystik und Esoterik schöpfen …« (Utsch, a. a. O., 306). »Die ›Identity Foundation‹ bezeichnet 10 Prozent der Deutschen als ›Traditionschristen‹, die sich eng mit einer Kirche und deren Lehren verbunden fühlen, während sie 35 Prozent den ›religiös Kreativen‹ zurechnet. Diese Gruppe sei nur noch locker mit dem christlichen Glauben verbunden und wenig konfessionell festgelegt. Der Glaube werde mit Hilfe zusätzlicher Erkenntnisse aus anderen Philosophien und/oder Religionen angereichert« (ebd.). Vgl. auch die vierte EKD-Erhebung über Kirchenmitgliedschaft: Kirche in der Vielfalt der Lebensbezüge, hg. von W. Huber u. a., Gütersloh 2006, 470 f.
10 Von einer Bewegung »im soziologischen Sinn zu sprechen, ist problematisch. Es handelt sich um ein Syndrom, das weitgehend unorganisiert, aus einem lockeren Netzwerk von Kongressen, Workshops, Seminaren, Journalen und Buchveröffentlichungen besteht« (Gottfried Küenzlen: Die Wiederkehr der Religion, München 2003, 65).
11 Hans-Jürgen Ruppert: Esoterische Religiosität auf dem Prüfstand, in: R. Hempelmann u. a. (Hg.): Panorama der neuen Religiosität, Gütersloh 2005 (2., überarbeitete Aufl.), 285–303, hier 286. Ähnlich Küenzlen, Religion, 65.
12 Theo Sundermeier: Zusammenleben mit Menschen verschiedener Religionen und Kulturen, in: R. Hempelmann (Hg.): Leben zwischen den Welten (EZW-Text 187), Berlin 2006, 42–57, hier 42.

stärker in den Analysen als in den theoretisch und praktisch daraus zu zie-
henden Konsequenzen. Mehrere Jahre lang gab es einen Boom esoterisch
angehauchter Kurse in kirchlich finanzierten Akademien und Fortbil-
dungsstätten. Relativ bald aber hatte sich herumgesprochen, dass solches
Aufspringen auf einen modischen Trend der christlichen Weisheit letzter
Schluss nicht sein kann. Umso mehr ist zwischenzeitlich Ratlosigkeit in
Theologie und Kirche zurückgeblieben; meist – so hat es den Anschein – ist
man dabei, sich mit dem *status quo* abzufinden. Die einst von Paul Tillich
vorbuchstabierte »Methode der Korrelation« kommt im Blick auf die Esoterik kaum zur Anwendung. Hat man gar uneingestanden »Angst vor der
Esoterik«[13]?

Indessen blüht der Esoterikmarkt weiter, und zwar nicht zuletzt infolge seiner TV-Unterstützung. »Astro TV«, Deutschlands erster Fernsehkanal
für »Astrologie, Kartenlegen und mehr«, strahlt seit 2004 Esoterik-Shows
digital über den Satelliten Astra aus und erreicht so allein in Deutschland
mehrere Millionen Haushalte. Der Sender präsentiert – wie inzwischen auch
der »Kanal Telemedial« – selbstsichere Astrologinnen und Hellseherinnen[14]
und dürfte vor allem für Frauen ab 30 interessant sein, die für Esoterik-Hot-
lines begeistert werden sollen. Beinahe minütlich wird für die Teledienste
der Berliner »Questico AG« geworben, die auch Veranstalter von »Astro TV«
ist; das Unternehmen bietet esoterische Beratungen am Telefon und via
Internet an – für zahllose Menschen ein Ersatz für das, was früher in freilich
anderer Weise auf dem Gebiet kirchlicher Seelsorge seinen Ort hatte. Hinzu
kommen diverse Esoterik-Seiten auf Videotext-Seiten seichterer Sender
sowie »magische Kanäle« über lokale Kabelnetze: In ihnen gehen unter anderem »neue Hexen«[15] auf Sendung, neues Heidentum wird propagiert, Buch-
tipps und Veranstaltungshinweise ergänzen die Programme.[16] Dem korre-
liert das bekannte Phänomen, dass in Buchläden christliche Literatur oft
einfach unter der Rubrik »Esoterik« eingeordnet ist.

---

13 Vgl. B. Jordahl: Die zehn Ängste der Kirche, Stuttgart 1998, 107 ff.
14 Zum Themenkreis Hellsehen, Kartenlegen und Astrologie vgl. das Buch »Orakel.
    Wahrsagerei – nur ein harmloser Zeitvertreib?«, hg. vom Arbeitskreis »Religiöse
    Gemeinschaften« der VELKD und des DNK/LWB, Gütersloh 2005.
15 Vgl. M. Pöhlmann (Hg.): Neue Hexen. Zwischen Kult, Kommerz und Verzauberung
    (EZW-Text 186), Berlin 2006.
16 Vgl. Matthias Pöhlmann: Magische Kanäle, in: Materialdienst der EZW 69 (2006), 394 f.

Die frappierende Selbstverständlichkeit, mit der heutzutage Esoterik als Weltanschauung kommuniziert wird, stellt für Theologie und Kirche eine vielfach noch verdrängte Herausforderung dar. Zwar gibt es eine ausgedehnte theologische Beschäftigung mit dem Religionsbegriff[17] und zunehmend auch mit dem Begriff der Spiritualität.[18] Doch nachgerade das Gebiet der Esoterik lässt sich unter dem Blickwinkel beider Generalbegriffe nicht einfach problemlos einordnen,[19] so dass es schon aus diesem Grund selten in angemessener Weise in den Blick kommt. Es lohnt sich, über diesen Sachverhalt genauer nachzudenken.

Im Zeichen der Diskussion um den Religionsbegriff spitzt sich neuerdings die Auseinandersetzung um die Frage zu, ob denn »Religion« in unserer Generation auf dem Rückzug oder im Gegenteil erst recht wieder im Kommen sei. Während manche Forscher im Hinblick auf den ungebrochenen Esoterik-Boom mit dem Begriff »Respiritualisierung« einen angeblichen »Megatrend« in der Gesellschaft identifiziert haben wollen,[20] halten andere die angebliche Renaissance der Religion für einen »Mythos«, um der Gesellschaft ein relativ stabiles Grundbedürfnis nach religiöser Orientierung zu bescheinigen.[21] Eberhard Jüngel hat freilich schon vor über einem Jahrzehnt gezeigt, dass es sich hierbei um eine »schiefe Alternative« handelt.[22] Spiritualisierung und Säkularisierung bilden im Zuge der sich abzeichnenden Entwicklung keinen krassen Gegensatz mehr: Ein »»Neues Zeitalter‹ der Religion« ist da, in dem, wie Christoph Bochinger in seiner Dissertation über »New Age« darlegt, Religiöses und Profanes vielfältig in- und durcheinanderfließen.[23]

---

17 Vgl. Falk Wagner: Was ist Religion? Gütersloh 1986; Theo Sundermeier: Was ist Religion? Gütersloh 1999.
18 Vgl. Hans-Martin Barth: Spiritualität, Göttingen 1993; Werner Thiede: Der Spiritualitätsbegriff, in: W. Ritter/M. Rothgangel (Hg.): Religionspädagogik und Theologie, Stuttgart 1998, 184–205.
19 Gegen Iwersen, die Esoterik als »Religion« definiert (Wege, a. a. O., 33; dies.: Lexikon der Esoterik, Düsseldorf 2001, 81).
20 Vgl. z. B. H. Denz (Hg.): Die europäische Seele, Wien 2002; Küenzlen: Religion, 2003; Regina Polak: Religion kehrt wieder, Ostfildern 2006; Hans-Joachim Höhn: Religion und Säkularisierung nach ihrem Ende, in: Evangelische Aspekte 16 (2006), 14-18; Stefan Knobloch: Mehr Religion als gedacht! Freiburg i. Br. 2006.
21 Vgl. Detlev Pollack: Säkularisierung – ein moderner Mythos? Tübingen 2003; Ulrich Körtner: Wiederkehr der Religion? Gütersloh 2006.
22 Eberhard Jüngel: Untergang oder Renaissance der Religion?, in: Materialdienst der EZW 59 (1996), 281–293.
23 Vgl. Bochinger, a. a. O., 27 und 30; Ruppert, Esoterische Religiosität, a. a. O., 285 f.

Dieser neuartigen Mixtur eignet ein esoterisch-okkultes Flair, ein Faszinosum halb säkularisierter Magie.[24] Die auf diesem Feld blühende spirituelle Autonomie des Menschen korrespondiert auf merkwürdige Weise der aufgeklärten Autonomie, die in der Moderne emporgewachsen und zwischenzeitlich in die Krise geraten ist.[25] Gemeint ist hiermit die allenthalben zu beobachtende »Krise der Immanenz«[26] – eine transzendenzlose Autonomie nämlich macht in sich auf die Dauer wenig Sinn und war genau genommen von Anfang an nicht gemeint.[27] Freiheit war vielmehr im Zeichen der aufgeklärten Vernunft immer schon mit Gott und Unsterblichkeit assoziiert; und je mehr dies im Zeichen der geschichtlich gewordenen *ratio* in Vergessenheit geraten konnte, desto stärker wurden die Chancen, dass sich die der Vernunft selbst immanente Frage nach dem Transzendenten[28] im Zeichen einer Religiosität des Irrationalen ansiedeln würde. Moderne Autonomie transformiert sich von daher mit sanfter Entschlossenheit in spirituelle Autonomie, die ihr göttliches Selbst im Horizont einer von allen Schranken der Sinnlichkeit[29] und traditioneller Religiosität befreiten kosmischen Weite, ja, Unendlichkeit spielerisch zu verwirklichen und zu feiern weiß.

Die solchermaßen erblühte Esoterik inmitten unserer säkularen Gesellschaft habe ich bereits 1995 in einem Buchtitel als »postreligiöse Dauerwelle« bezeichnet.[30] Der Begriff »postreligiös« sollte dabei genau jene neue

---

24 Vgl. bereits meinen Aufsatz: »Humorlose Notwehr des metaphysischen Sinns«. Esoterik als Phänomen der religiösen Gegenwartskultur, in: Grenzgebiete der Wissenschaft 45 (1996), 225–243.

25 »Die Esoterik gibt der Subjektivität des Menschen Raum, sie schenkt ihm die Illusion geistiger Autonomie und schmeichelt seinem Selbstbewußtsein« (Joseph Schumacher: Esoterik – die Religion des Übersinnlichen, Paderborn 1994, 298).

26 H.-J. Höhn (Hg.): Krise der Immanenz. Religion an den Grenzen der Moderne, Frankfurt a. M. 1996.

27 Vgl. Werner Thiede: Kant und die Stoa, in: Materialdienst der EZW 67 (2004), 97–100.

28 Gerade in den Erkenntnissen, die »über die Sinnenwelt hinausgehen, wo Erfahrung gar keinen Leitfaden, noch Berichtigung geben kann, liegen die Nachforschungen unserer Vernunft« (Immanuel Kant: Kritik der reinen Vernunft [1787²], in: Werke in zwölf Bänden, hg. von W. Weischedel, Frankfurt a. M. 1977, Bd. 4, 49).

29 Demgemäß definiert das erste »Esoterik-Jahrbuch« (1988) eingangs: »Esoterik ist der Gesamtbegriff, der alle Lehren von der übersinnlichen Welt und ihrem Wirken auf Erden umfaßt.«

30 Werner Thiede: Esoterik – die postreligiöse Dauerwelle, Neukirchen-Vluyn 1995. Im Abendland zeige sich bei genauerem Hinsehen weniger eine Renaissance »der« Religion als vielmehr das Aufkommen einer »post-materialistischen Weltsicht« (10).

Mischung von Säkularität und Religiosität charakterisieren, wie sie auf dem Esoterik-Markt[31] meistenteils anzutreffen und dem Gehalt des »Okkulten« durchaus gemäß[32] ist. Seinerzeit habe ich in der Einführung definiert: Ebenso wenig, wie die Rede von der ›Postmoderne‹ ein radikales Jenseits der Moderne, sondern eher Versuche einer kritisch variierenden Fortsetzung der Moderne (Wolfgang Welsch) meint, soll der Ausdruck »postreligiös« einfach »agnostisch« oder »atheistisch« bedeuten. »Im Blick ist vielmehr eine Weise der doppelten, hegelianischen Aufhebung des Religiösen ins Nachkommende. ›Postreligiös‹ heißt also einerseits sehr wohl: nicht mehr religiös im herkömmlichen Sinn. Aber es meint darüber hinaus durchaus doch eine Art Religiös-Sein, nämlich ein neues Umgehen mit den traditionell-religiösen Fragen und Themen, das deren wesentliche Gehalte kritisch-konstruktiv transformiert.« Spirituelle Autonomie nimmt sich die Freiheit, im Zuge eines ungewohnten Individualismus, der geradezu zwangsläufig[33] einem zunehmenden religiösen und weltanschaulichen Pluralismus korrespondiert, überkommene Religion dem eigenen Selbstverwirklichungs- und Gestaltungsbedürfnis dienstbar zu machen;[34] die Spielregeln der Esoterik kommen dem entgegen. Nach wie vor halte ich den Begriff des »Postreligiösen« für geeignet, diesen unsere Gegenwartskultur beeinflussenden Sachverhalt zu beschreiben, zumal er die Erklärung dafür impliziert, warum der Begriff der Religion bzw. des Religiösen allein kaum hinreicht, das Phänomen der Esoterik adäquat zu erfassen.

Umso mehr scheint der Begriff der Spiritualität mit esoterischer Theorie und Praxis konform zu gehen; ja, er erfreut sich in den entsprechenden Kontexten großer Beliebtheit. Seine Problematik besteht freilich darin, dass er auf zwei unterschiedliche, konkurrierende Wurzelstränge zurück-

---

31 Dass der Begriff des »Marktes« die Situation des religiösen Pluralismus zum Ausdruck bringe, betont Michael Nüchtern: Was heißt religiöser Markt?, in: Materialdienst der EZW 59 (1996), 313–320.

32 So spricht Paul Tillich in einer Dogmatik-Vorlesung von 1925 dem Okkultismus seinen religiösen Anspruch rundweg ab mit der Begründung: »Das Unbedingte kann nicht erzwungen werden« (Dogmatik. hg. von W. Schüßler, Düsseldorf 1986, 244).

33 Vgl. Peter L. Berger: Der Zwang zur Häresie, Frankfurt a. M. 1980.

34 Noch ein Selbstzitat: »Religiöse Institutionen verlieren an positivem Sammlungs- und Symbolwert, um einer frei flottierenden Religiosität Platz zu machen, wie sie entweder von Individuen oder aber von bestimmten Gruppen oder Bewegungen für einzig richtig gehalten und gegen den ›Rest der Welt‹ vertreten wird« (Esoterik, 11).

geht[35] und ihm insofern eine – esoterisch gern ausgenutzte – Missverständlichkeit eignet. Zum einen nämlich bezeichnet er, insofern er sich uralter monastischer Religiosität verdankt, christliche Frömmigkeit nach ihren theoretischen und praktischen Eigenschaften. Zum andern stellt er geradezu selbst ein Produkt moderner Esoterik dar: Nicht zufällig finden sich anfängliche Verwendungen des englischen Begriffs »spirituality« 1889 bei der »Stammmutter der modernen Esoterik«, Madame Helena Petrovna Blavatsky[36], in deren Werken westliche und östliche Okkult-Metaphysik eine grandiose Synthese eingehen. Er steht in dem neuen, breiteren Sinn für einen Geist-Monismus[37], dessen Variantenreichtum der Vielfalt esoterischer Systeme entspricht. Insofern ist der so verstandene Begriff der Spiritualität eher Ausdruck esoterischen Denkens, als dass er dessen sachgemäßer Beschreibung aus theologischer Sicht dienen könnte.

Tatsächlich lässt sich heutige Esoterik »als nachchristliche Spiritualität«[38] beschreiben. Aber sie ist mehr als das – eben Ausdruck einer postreligiösen Epoche.[39] Dass das theologische Gespür hierfür doch endlich zu wachsen beginnt, zeigt die neueste »Glaubenslehre« auf dem Büchermarkt, nämlich die von Dietz Lange: Gleich auf der ersten Seite des Vorworts ist dort der esoterische Markt der Möglichkeiten genannt und der herrschenden »Kultur der Beliebigkeit« zugeordnet, die unter der Gestalt von »Relativierung und Nivellierung« als ein Ausdruck des Pluralismus in unserer Gesellschaft und damit als klare Herausforderung für den christlichen Glauben beschrieben wird.[40] Zugleich sieht Lange, dass der Pluralismus auch mit der »Gestalt konkurrierender Absolutheitsansprüche« einhergeht. Der Umstand jedoch, dass er hierbei vor allem an den Fundamenta-

---

35 Vgl. näherhin meinen Aufsatz: Christliche Spiritualität im Kontext, in: braunschweiger beiträge für theorie und praxis von ru und ku 89 (2001), 42–47.

36 Vgl. Hans-Jürgen Ruppert: Helena Blavatsky – Stammmutter der Esoterik (EZW-Texte 155), Berlin 2000.

37 Zu diesem Begriff folgt Weiteres im nächsten Abschnitt dieses Kapitels.

38 Bernhard Grom: Artikel »Esoterik«, in: Chr. Schütz (Hg.): Praktisches Lexikon der Spiritualität, Freiburg i. Br. 1988, 346 f., hier 347.

39 Papst Benedikt XVI. hat bereits als Kardinal Ratzinger bemerkt, in unserer Epoche sei eine »fortschreitende Auflösung der Religion« zu beobachten, vor allem eben auch in die Richtung jenes Bereichs, den »man heute gern unter dem Etikett Esoterismus zusammenfaßt« (Wendezeit für Europa und für die Kirche, in: Deutsche Tagespost Nr. 36/1991, 5 f.).

40 Dietz Lange: Glaubenslehre, Bd. 1, Tübingen 2001, VII. Nächstes Zitat ebd.

lismus denkt, ist eine Verkennung des Tatbestands, dass es zwischen esoterischem und fundamentalistischem Denken beachtliche Strukturanalogien gibt: Gerade Absolutheitsansprüche sind auf dem Gebiet der Esoterik nichts Ungewohntes – und sei es nur, dass Relativierungen und Nivellierungen mit der Geste absoluter Geltung vertreten werden. Von daher stellt sich nun die schwierige Frage nach dem Wesen der Esoterik.

2. Was ist Esoterik eigentlich?

Ein wissenschaftlicher Streit ist entbrannt – nicht nur darüber, wie man »Esoterik« zu definieren habe, sondern sogar darüber, ob dieser Begriff überhaupt eindeutig definierbar sei. Antoine Faivre bemerkt als Professor für Geschichte der esoterischen und mystischen Bewegungen der Neuzeit am Religionswissenschaftlichen Institut der Sorbonne in Paris: »Esoterik ist ein unscharfer Begriff, über dessen Bedeutung keineswegs eine allgemeine Übereinstimmung besteht. Und doch ist die Esoterik in aller Munde ...«[42]. Im Grunde besteht also Definitionsbedarf. Aber ist nicht tatsächlich jeder Definitionsversuch ein Bemächtigungsakt angesichts eines höchst disparaten Phänomens? Nun gibt es freilich auf geisteswissenschaftlichem Gebiet keine absolute Neutralität – und insofern schwerlich völlig interessenfreie Begriffsbestimmungen, wenn es um weltanschauliche Sachverhalte geht. Man müsste denn schon auf entsprechende inhaltliche Definitionen völlig verzichten. Und genau das schlägt der Religionswissenschaftler Christoph Bochinger vor: »Der Versuch einer wissenschaftlichen Definition von ›Esoterik‹ auf inhaltlichem Wege bewirkt daher zwangsläufig die Festlegung auf einen bestimmten Aspekt aus der Bandbreite der möglichen Bedeutungen. Die Vielfalt ist zu groß und die Bedeutung bei Anwendung einer analytischen Sichtweise zu unklar, um über-

---

41 Esoteriker sind sich ihrer Wirklichkeitsauffassung meist allzu sicher: Ihr Anspruch ist im Kern unhinterfragbar, im wahrsten Sinn des Wortes indiskutabel, weshalb man durchaus von »esoterischem Fundamentalismus« sprechen kann. Sie berufen sich auf ein Geheim- oder Offenbarungswissen, das sich dem Diskurs moderner Natur- und Geisteswissenschaften im Endeffekt entzieht oder zumindest nicht konsequent stellt. Und ihr »Synkretismus« ist keineswegs so tolerant, wie er auf den ersten Blick wirken mag.

42 Antoine Faivre: Esoterik im Überblick, Freiburg i. Br. 2001, 9.

haupt von ›der Esoterik‹ sprechen zu können.«[43] Von daher definiert Bochinger den Begriff rein formal »als einen eigenen soziologischen Typus moderner Religion«[44]. Das aber wird man kaum noch als eine echte Definition bezeichnen können; jegliche Näherbestimmung fehlt (wie analog überall dort, wo sich Esoterik schlechthin als die in allen positiven Religionen präsente »Ur-Religion« ausgibt!). Immerhin räumt Bochinger noch ein, dass es »gewisse Wahlverwandtschaften zwischen diesem Frömmigkeitstypus und weltanschaulichen Überzeugungen geben mag«. Mehr aber auch nicht! Sollte das wirklich schon alles sein, was an Aussagen über den Esoterikbegriff möglich ist?

Faivre geht hier einen Schritt weiter und definiert »Esoterik« als eine Denkform, die sich durchaus genauer bestimmen lässt, gerade weil »die Esoterik einen Begriff des Abendlands darstellt«[45]. Demnach handelt es sich »um eine Geisteshaltung«, um »eine Spielart des Imaginären, in denen ein Ferment seine Wirkung entfaltet, das den unterschiedlichsten Materialien eine eigene und besondere Färbung verleiht.«[46] Welches Ferment das näherhin sein soll, das auszusprechen scheut sich Faivre allerdings, um seinerseits jeden Verdacht eines ideologischen Apriori zu vermeiden.

Deutlicher wird an dieser Stelle der Innsbrucker Philosophieprofessor Edmund Runggaldier, der sich bewusst ist: »Der esoterische Aufschwung ist auch für Philosophen und Theologen eine Herausforderung.«[47] Zwar hält er es seinerseits für ein unmögliches Unterfangen, die Esoterik begrifflich zu bestimmen, weil diese »von einer geistigen und kulturellen Vielfalt geprägt« sei. Das trifft im Grunde zu, aber ebenso korrekt ist es, wenn er schließlich definitiv erklärt: »Die Ontologie im Hintergrund fast aller esoterischer Bewegungen ist *monistisch.*«[48] Das bedeutet für esoterisches Denken inhaltlich, wie Runggaldier weiter ausführt, »dass es nur ein letztes Urprinzip gibt. In der Esoterik tauchen zwar auch dualistische Tendenzen

43 Christoph Bochinger: Was ist Esoterik?, in: Informationes Theologiae Europae 7 (1998), 271–281, hier 273.

44 A. a. O., 281 (nächstes Zitat ebd.). Esoterik wird als »ein typisches Produkt moderner Religionsgeschichte« bezeichnet (275).

45 Faivre, a. a. O., 11 und 36.

46 A. a. O., 41.

47 Edmund Runggaldier: Philosophie der Esoterik, Stuttgart u. a. 1996, 8. Nächstes Zitat: 9.

48 A. a. O., 30.

auf: Der Mensch ist aus Seele und Körper zusammengesetzt und kann durch Reinkarnation verschiedene Körper annehmen. Aber auch der Körper besteht letztlich aus Energie und ist somit doch aus demselben ›Stoff‹ wie die Seele ... Wenn alles Energie ist, ist letztlich alles *eins*: Alles ist mit allem verbunden ...«[49]. Von solcher Allverbundenheit lebt das magische Denken aller Esoterik, das sich in verschiedensten Praktiken und Theoremen auslebt – von gesuchter Gedankenübertragung und Hellseherei über Astrologie[50], Numerologie und diverse Heilungsrituale bis hin zu spiritistischer Totenbeschwörung und satanistischer Religiosität. Runggaldier spricht von einer monistischen Ereignis-Ontologie und benennt insbesondere den Neuplatonismus als den überwiegend vorherrschenden Hintergrund esoterischen Denkens, um zu konstatieren: »Die soeben geschilderte monistische Ontologie ermöglicht es aber, dass esoterische Praktiken und Ansichten als sinnvoll angesehen und erlebt werden.«[51]

Dass diese Analyse und inhaltliche Näherbestimmung des Esoterikbegriffs grundsätzlich zutreffend ist – Ausnahmen bestätigen nur die Regel –, zeigt auch indirekt die Religionswissenschaftlerin Julia Iwersen, wenn sie in ihrem »Lexikon der Esoterik« erklärt: »Hauptsächlicher Inhalt der Esoterik ist eine Alleinheitslehre, die dazu neigt, die in der Welt zu beobachtende Vielheit von einem universalen göttlich-geistigen Prinzip herzuleiten.«[52] Den grundsätzlich monistischen Charakter esoterischen Denkens unterstreicht exemplarisch der Umstand, dass Helena P. Blavatsky den Neuplatonismus wiederholt als eine maßgebliche geistige Quelle ihrer modernen

---

49 Ebd. Der sogenannte Dualismus in der Gnosis ist gegenüber dem Monismus sekundär; was der Philosoph Runggaldier begriffen hat, sollte sich in der Theologie endlich herumsprechen. Namentlich im System der valentinianischen Gnosis erkennt »die monistische Ableitung des Dualismus« deutlich Hans Jonas: Gnosis und spätantiker Geist. Erster Teil: Die mythologische Gnosis, Göttingen, 1988, 416 f. Ulrich Wilckens weiß: »Der stoische Monismus und der gnostische Dualismus haben die gleiche Intention« (Weisheit und Torheit, Tübingen 1959, 270). Insbesondere die hellenistische Hermetik denkt deutlich monistisch: Sie lehrt »die Vollkommenheit der Welt, ihre Harmonie, ihre ständige Bewegung in ewiger Wiederkehr ...« (C. F. Georg Heinrici: Die Hermes-Mystik und das Neue Testament, Leipzig 1918, 183).

50 Dazu meine Artikel: Astrologie. I. Religionsgeschichtlich, in: RGG⁴ 1 (1998), 856–858; Horoskop. II. Praktisch-theologisch, in: RGG⁴ 3 (2000), Sp. 1904 f.

51 A. a. O., 14 und 38. Vgl. zur Beziehung von Esoterik und Neuplatonismus auch Schumacher, a. a. O., 31 f. und 119 ff.

52 Iwersen, a. a. O., 7; vgl. auch 8,16 u. ö.

Theosophie benannt hat.[53] Sie hatte die neuplatonische Metaphysik vertieft kennengelernt durch den Philosophieprofessor Alexander Wilder, den sie sehr schätzte und dessen Werk »New Platonism and Alchemy« die Vielbelesene gerne zitierte.[54] Insofern ist auch die Einordnung der Theosophie bzw. des esoterischen Denkens Blavatskys als »Monismus«[55] korrekt, wenn man darunter genauer einen *spirituellen* Monismus versteht. Selbstverständlich ist an keinen materialistischen Monismus zu denken, den es dem Begriff und der Sache nach bekanntlich auch gibt und dem viele moderne Menschen bewusst oder unbewusst anhängen. Allerdings stellt gerade die immanente Strukturanalogie zwischen spiritualistischem und materialistischem Monismus als Bezug auf ein weltengestaltendes Einheitsprinzip eine Kompatibilität dar, die es Zeitgenossen heute relativ leicht macht, von dem einen »Monismus« in den anderen und damit von dem einen Autonomie-Verständnis in das andere zu wechseln – was sich angesichts der Sinnleere eines bloßen Materialismus immer wieder *in concreto* vollzieht.

Aus der Perspektive der Theologie als »kritischer Weltanschauungswissenschaft« (Horst Stephan) formuliert Josef Sudbrack mit Recht: »Hinter dem Wirrwarr im Angebot an Esoterik steht eine Art Weltanschauung«[56]. Und das bedeutet laut Sudbrack, dass »das Gespräch mit der Esoterik für das abendländische Christentum noch wichtiger ist als der aufblühende Dialog mit den Weltreligionen. ›Esoterik‹ wird nämlich mehr und mehr die ›Religion‹, mit der wir westlichen Christen intensiv konfrontiert sind.« Umso relevanter ist freilich für die Theologie die Frage, um welche »Art Weltanschauung« es sich bei der Esoterik eigentlich handelt. Der Befund, dass man es bei allem unbestreitbaren Variantenreichtum der Esoterik in aller Regel

---

53 Vgl. Helena Petrovna Blavatsky: Die entschleierte Isis. Ein Meisterschlüssel zu den alten und neuen Mysterien (1877), Bd. 1, Leipzig 1922², 224 u. ö.; dies.: Der Schlüssel zur Theosophie (1889), Satteldorf 1995³, 23.

54 Vgl. auch Jean-Louis Siémons: Theosophia in Neo-Platonic and Christian Literature, London 1988.

55 So z. B. Arnold Stolzenburg: Art. Theosophie, in: RGG² 3 (1929), Sp. 1134–1140, bes. 1137; Hans-Jürgen Ruppert: Theosophie – unterwegs zum okkulten Übermenschen, Konstanz 1993, 15.

56 Josef Sudbrack: Esoterik als Religion – eine Herausforderung, in: GuL 70 (1997), 323–336, hier 323 (nächstes Zitat ebd.). Zu unscharf bleibt dagegen die Auskunft, in der Esoterik werde »in die verschiedensten Bereiche der Religionsgeschichte« gegriffen (Hempelmann, Esoterik, 42).

mit einem spirituellen Monismus zu tun hat, ist und bleibt hier eine grundlegend wichtige, bislang theologisch wenig realisierte Antwort.

Bevor aber die Konsequenzen dieser Bestimmung für die christliche Theologie im Gegenüber zur Esoterik in den Blick zu nehmen sind, gilt es, sich zu verdeutlichen, was die Auskunft *»spiritueller Monismus«* bereits phänomenimmanent zu erklären vermag. Diese geisteswissenschaftliche Definition erhellt zunächst den Tatbestand, dass auf der benamten ontologischen Grundlage eine Unzahl von einfachen und komplizierteren Systemen sprießt: Dem monistischen Einheitsprinzip korrespondiert wesenhaft eine entfaltete Vielheit. Insofern handelt es sich jedenfalls noch um eine sehr weitgefasste Bestimmung, die dennoch von inhaltlicher Relevanz ist – sie beschreibt sozusagen einen Konzeptrahmen, ein Wirklichkeitsmodell bzw. ein »Paradigma«[57], um einen nicht zufällig auch innerhalb der neueren Esoterik selbst in diesem Sinn verbreiteten[58] Begriff zu verwenden. Und dieses Paradigma steht in Konkurrenz zu anderen grundlegenden Wirklichkeitsmodellen. Hieraus erklärt sich zuallererst, warum die Esoterik ungeachtet der Pluralität ihrer Theorien und Praktiken gerade mit einer kirchlich verantworteten Theologie häufig konfligiert und sich primär grundsätzlich als eine »neben- und außerkirchliche Religiosität«[59] darstellt.

---

57   Dass dieser Begriff jenseits seiner wissenschaftstheoretischen Verwendung bei Thomas S. Kuhn (Die Struktur wissenschaftlicher Revolutionen, Frankfurt a. M. 1976[2]) mittlerweile weithin Grundorientierungen im Sinne von »Weltbildern« bezeichnet, ist unbestritten (vgl. M. Fischer/P. Hoyningen-Huene [Hg.]: Paradigmen. Facetten einer Begriffskarriere, Frankfurt a. M. 1998). Im Hintergrund dieser Entwicklung dürfte die auf Ludwig Wittgensteins Einsichten basierende Erkenntnis stehen, »daß alle unsere Aussagen über die Wirklichkeit auf dem Hintergrund von Weltbildern erfolgen«: Diese sind »von Überzeugungen bestimmt, die nicht unmittelbar durch einzelne widersprechende Erfahrungssätze erschüttert werden können ... Die Voraussetzung und Annahme solcher Weltbilder ist unumgehbar« (Joachim Track: Dogmatik als Phänomenologie?, in: Marburger Jahrbuch Theologie 6 [1994], 11–44, hier 29).

58   Der Ausdruck begegnet bereits 1887 bei Blavatsky (vgl. Cranston, HPB, 379) und hat seit den 70er Jahren ins »New Age«-Vokabular Eingang gefunden. Zum Stichwort New Age vgl. zuletzt Werner Thiede: »New Age« in religionstheologischer Betrachtung, in: M. Moravčíková (Hg.): New Age, Bratislava 2005, 560–576; auch bereits ders.: Esoterik, a. a. O., 86 ff.; Küenzlen: Wiederkehr, 64 ff. Der Vatikan hat 2003 seine Kritik formuliert unter dem Titel: »Jesus Christus – der Spender lebendigen Wassers. Überlegungen und New Age aus christlicher Sicht« (deutsch: Wien 2003).

59   Iwersen, Lexikon, a. a. O., 11; vgl. auch Runggaldier, a. a. O., 16. Exemplarisch für den Konflikt mit der römisch-katholischen Kirche ist Peter Michel: Der Anti-Weltkatechismus, Grafing 1995.

Weiter erhellt die genannte Bestimmung den Befund, dass die esoterischen Systeme im Vergleich eine enorme Bandbreite zwischen Banalität und intellektueller Tiefe bieten. Spiritueller Monismus macht all dies möglich, mögen darob selbst Esoteriker irritiert oder verärgert sein.[60] Er vermittelt wesenhaft ein – religionspsychologisch formuliert – regressives[61] Gefühl der Geborgenheit, das primärnarzisstische und »kosmische«[62] Dimensionen gleichermaßen umfasst und dessen Harmonie-Illusion angesichts der »neuen Unübersichtlichkeit« (Jürgen Habermas) unserer Realität zunehmend Menschen in seinen Bann zieht. Infantilität, ja, Verdummung haben eine gewisse Wahrscheinlichkeit auf der Linie solcher Regressivität, die in der Esoterikszene beispielsweise Erwachsene und Jugendliche[63] wieder allen Ernstes mit Feen, Elfen und allerlei sonstigen Gestalten aus der Welt der Märchen[64] und der Mythen rechnen lässt. »Als habe es nie eine neuzeitliche Aufklärung gegeben, ist die Scheu vor Märchen, Mythen und Magie auf einmal wie verflogen.«[65] Die zunehmende Begeisterung für Fantasy-Literatur und -Filme, kulminierend in den Erfolgen der Harry-Potter-Werke, gehört mit in diesen Zusammenhang. Überhaupt machen diverse kulturelle Faktoren, die eine »Zeit der extremen Verdummung« (Ernst Pöppel) heraufbeschworen haben, insgesamt auch anfällig für die Banalität vieler esoterischer Angebote – nicht zuletzt fürs

---

60 Vgl. z. B. Franz Binder: Astrali Banali. Vom Mißbrauch der Esoterik, Ergolding 1992. Von »Vulgär-Esoterik« spricht Jörg Wichmann: Zur Veränderung des Reinkarnationsglaubens in der westlichen Kultur und Esoterik, in: H. Kochanek (Hg.): Reinkarnation oder Auferstehung, Freiburg i. Br. 1992, 181–193, hier 184 f.

61 Vgl. Dieter Funke: Religion als Geborgenheit, in: Theologie der Gegenwart 32 (1989), 95–103.

62 Für die Esoterik ist kosmisches Denken bzw. Bewusstsein charakteristisch. Es bedeutet nicht zuletzt, mit UFOs zu rechnen – in dieser esoterischen Tendenz drücken sich wiederum narzisstische Tendenzen aus (vgl. Susanna Lustig de Ferrer/Jaime Tomás: Die Science-fiction-Literatur als Ausdruck der Fötalregression des Psychismus, in: A. Rascovsky [Hg.], Die vorgeburtliche Entwicklung, München 1978, 223–233; Linus Hauser: Science Fiction, Neomythos und Neue Religiosität, in: Das Science Fiction Jahr 9 [1994], 509–572, bes. 556 f.).

63 Von daher erklärt sich auch das Phänomen des Jugendokkultismus (vgl. Werner Thiede: Suche nach Thrill oder nach Sinn?, in: Materialdienst der EZW 66 [2003], 163–175 und 243–253).

64 Vgl. Sabine Wienker-Piepho: Märchen und Esoterik, in: Materialdienst der EZW 59 (1996), 129–137.

65 Heinz Zahrnt: Gotteswende, München 1989, 333. Ebenso Schumacher, a. a. O., 46.

Ausgenutzt-, Übertöpelt- und Betrogenwerden durch geschickt agierende Trickser, Magier, Hexer und Pseudo-Seelsorger. Ludger Lütkehaus hat insofern recht, wenn er feststellt: »Geisterseherei, Pendelschwingerei, Numerologie, Alchemie, Tarot, Steinheilerei, Astrologie, Handlesen, Ufologie, Wahrsagerei, Schamanismus, Satanismus, Mondsucht, kollektives Urin-Trinken, Turbo-Tibetanismus – jede esoterische Mustermesse zwischen Amulettprophylaxe und Aromatherapie zeigt es: Kein Quatsch, der nicht geglaubt würde. Kein Geschäft, das nicht zu durchsichtig wäre. Kein Guru, der nicht seine Klientel fände. Kein Jünger, dem es zu dumm würde. Und keine Hoffnung, die nicht verhöhnt würde.«[66] Dass Theologie hier zu warnen und aufzuklären hätte, liegt auf der Hand. Es gibt einige Apologeten, die sich diesem Geschäft mit Hingabe widmen, ohne allerdings hinreichend zu bedenken, dass die theologische Aufgabe und Herausforderung in dieser Hinsicht noch keineswegs ihr Zentrum findet.

Denn der zu beobachtende Hang zum Irrationalen erklärt sich eben aus dem Umstand, dass in der Esoterikszene gewissermaßen die »andere Seite der Aufklärung«[67] zur Geltung kommt. Und die hat wiederum ihr Pendant durchaus auch in einigen hochrangigen Vertretern des Rationalen gefunden. So kommt spiritueller Monismus beispielsweise in den großen Systemen des klassischen Idealismus zum Ausdruck, dessen Hauptvertreter Schelling und Hegel nicht nur zum Neuplatonismus, sondern ebenso zum Strang esoterischer Tradition erkennbare Bezüge aufweisen.[68] Nicht zuletzt die moderne Physik kennt große Namen, die einem spirituellen Monismus nahestehen.[69] Dem entspricht der Tatbestand, dass es

---

66   Ludger Lütkehaus: Die Metaphysik der dummen Kerle, in: DIE ZEIT Nr. 28/2000, 47. Schumacher kritisiert: »Der Esoteriker ist leichtgläubig gegenüber dem, was man ihm als Erkenntnis für Eingeweihte, als innere Erfahrung oder als intuitives Wissen vorlegt« (a. a. O., 297).

67   Vgl. Christoph Bochinger: Auf der Rückseite der Aufklärung, in: BThZ 13 (1996), 229–249. Nach Werner Ritter »ist die Wiederkehr des Okkulten kein grausiger Rückfall ins Mittelalter und Irrationale, sondern Widerspruch gegen die totale Verrechen- und Berechenbarkeit eines übersteigert rationalistischen Weltbildes« (Elektrischer Strom oder Geisterwelt?, in: DtPfrBl 102 [2002], 386–389, hier 388); ebenso Hempelmann, Esoterik, 53.

68   Vgl. z. B. Emil Bock: Vorboten des Geistes. Schwäbische Geistesgeschichte und Christliche Zukunft, Stuttgart 1929; Ernst Benz: Schellings theosophische Geistesahnen, Wiesbaden 1955.

69   Nach Carl Friedrich von Weizsäcker erlaubt die Quantentheorie einen »spirituellen Monismus«, der Raum, Materie und Kräfte als Erscheinungsweisen von Information

mancherlei esoterische Systeme von beträchtlicher intellektueller Faszinationskraft gibt und deren Anhängerschaft gutenteils den »gebildeten
Ober- und höheren Mittelschichten«[70] zuzurechnen ist. Keinesfalls lässt
sich Esoterik schlechthin als irrationales oder banales Phänomen abtun,
zumal sich – psychologisch gesehen – die genannte Regressivität nicht selten mit Progressivität zu paaren pflegt. Geisteswissenschaft steht hier zum
Teil ausdrücklich gegen »Geisteswissenschaft«.[71] Theologie muss auch das
realisieren.

Die regressiven Tendenzen haben aber insgesamt ein deutliches Über-
gewicht in der Esoterikszene. Dem psychischen Rückwärtsgewandtsein
korrespondiert dabei ein charakteristisches »Nach-Innen«, das bereits im
Begriff der »Esoterik« als solchem zum Ausdruck kommt. Dieser Terminus
geht zurück auf den französischen Kabbalisten Eliphas Lévi (1810–1875),
der auch den Ausdruck »Okkultismus« geprägt hat. Beide Worte bezeichnen annähernd dasselbe,[72] nämlich die Überzeugung, dass die sichtbare
Welt nicht die einzige und ganze Wirklichkeit ist, sondern von einer grö-
ßeren, übersinnlichen Welt umschlossen wird, und dass dabei zwischen
beiden Welten enge Analogien bestehen, ja, Kommunikation möglich und
sogar wünschenswert ist. Faivre versucht allerdings begrifflich zu unter-

---

denken lässt (Zeit und Wissen, Hamburg 1992, 345 und 357 f.). Weiteres in meinem
Aufsatz »Weltseele und Holismus. Fragen zwischen Theologie, Parapsychologie und
Naturwissenschaft«, in: J. Audretsch/K. Nagorni (Hg.): Das Ganze und das Fragment.
Naturwissenschaft und Theologie im Gespräch, Karlsruhe 2004, 69–99. Esoterik profitiert von dem Umstand, dass gerade das moderne naturwissenschaftliche Weltverständnis es »unmöglich macht, Glaubensbekenntnisse, die für die Haltung im Leben
verbindlich sein sollen, allein auf wissenschaftliche Erkenntnis zu begründen« (Werner Heisenberg: Schritte über Grenzen. Gesammelte Reden und Aufsätze, München
1971, 125).

70   Iwersen, Lexikon, a. a. O., 229.
71   So versteht sich namentlich Rudolf Steiners Anthroposophie als »Geisteswissen-
     schaft« und sehen sich etwa seine Ausführungen über »Das Leben zwischen Tod und
     Wiedergeburt des Menschen« (1914) durchaus als »in einem heutigen wissenschaft-
     lichen Sinne« akzeptabel an. Bereits der Schwarzmagier Aleister Crowley bean-
     spruchte, »das Ziel der Religion mit den Methoden der Wissenschaft« (so der Unter-
     titel der Zeitschrift »Equinox«, 1909–1914) zu verfolgen. Und schon H. P. Blavatsky
     verstand 1888 ihre »Geheimlehre« dem Untertitel nach als »die Vereinigung von Wis-
     senschaft, Religion und Philosophie«.
72   Nach Karl Hoheisel ist »Esoterik praktisch gleichbedeutend mit Okkultismus« (Art.
     Esoterik, in: EKL³ 1 [1986], 1125 f.); ebenso Iwersen, die erläutert: »›Esoterik‹ bezeich-
     net das ›Innere‹, Okkultismus das ›Verborgene‹ der Religion« (Lexikon, a. a. O., 7).

scheiden: »Wenn die Esoterik eine Denkform ist, so stellt der Okkultismus eher eine Reihe von Praktiken oder eine Handlungsweise dar, die jeweils von der Esoterik ihre Legitimität beziehen.«[73] Wie weit diese Unterscheidung im Endeffekt trägt, bleibt fraglich, da unter dem Begriff der Esoterik allemal auch Praxis und nicht nur Theorie verstanden wird. Während der lateinische Wortstamm von »Okkultismus« auf das Geheime als das »verborgene Tun« oder die »verborgene Wirklichkeit« hinweist, hebt der aus dem Griechischen herkommende Begriff »Esoterik« auf das Geheime als das »Innere«, etwa auf Geheimzirkel, in erster Linie aber auf das nur der geistseelischen Innenwelt Zugängliche ab. Nachdem der Okkultismus-Begriff mit der » ismus«-Endung das ideologische Element solcher Weltanschauung signalisiert und zumal er infolge evangelikaler Kritik nicht selten mit seiner schwarzmagischen Seite und dämonologischen Interpretationen assoziiert wird, zieht man heute bei weitem den Begriff der Esoterik vor. So gibt selbst der Esoteriker Hans-Dieter Leuenberger zu bedenken, »daß das Wort Okkultismus stark negativ besetzt ist, weil es im Laufe der Zeit mehr oder weniger zum sinngleichen Begriff für das Dämonische, die dunklen und bösen Kräfte schlechthin geworden ist.«[74] Leuenberger verschweigt hier allerdings, dass sich die negative Färbung des Okkultismus-Begriffs nicht etwa allein einer willkürlichen Stigmatisierung seitens einer bestimmten theologisch-seelsorgerlichen Richtung verdankt (welche ihrerseits nicht ganz ohne Erfahrungsgründe erfolgt ist), sondern dass sie vielmehr auf empirischen, auch wissenschaftlich verifizierbaren Beobachtungen beruht: Psychologen und Parapsychologen warnen aus psychohygienischer Sorge vor Betätigungen, die als »okkult« zu bezeichnen wären.[75] Ungeachtet dessen wagt man in selbstbewusster Auflehnung gegen ohnehin sich abschwächende gesellschaftliche Vorbehalte, explizit vom »neuen Okkultismus«[76] als einer das »Spirituelle« betonenden Größe zu reden. Letztendlich haben die Begriffe »Okkultismus« und »Esoterik« gleiches Recht; sie sind nur unterschiedlich nuanciert, und zwar in folgender Hin-

73   Faivre, a. a. O., 42.
74   Hans-Dieter Leuenberger: Sieben Säulen der Esoterik, Freiburg i. Br. 1989, 19.
75   Vgl. besonders Hans Bender: Okkultismus als seelische Gefahr, in: M. Pfister-Ammende (Hg.): Geistige Hygiene, Forschung und Praxis, Basel 1955, 489–499; Mircea Eliade: Das Okkulte und die moderne Welt, Salzburg 1978, 71 f.
76   Serena Roney-Dougal: Wissenschaft und Magie, Frankfurt a. M. 1993, 299 und 251.

sicht: »Okkultismus« betont mehr das nach außen gerichtete Tun, etwa das zielgerichtete magische Handeln, während »Esoterik« eher die konzentriert nach innen gerichtete Weltanschauung meint, wie sie im Zeichen spiritueller Autonomie begegnet. Das wahre »Selbst« will der Esoteriker ergründen und kraft dessen göttlicher Qualität auch seine eigentlich kosmische Erstreckung realisieren.

Mit dieser Begriffsreflexion aber liegt die elementare theologische Herausforderung zu Tage. Und auf dem damit anzugehenden Feld hat christliche Theologie ebenso sorgfältig zu arbeiten wie sonst auch.[77] Walter Sparn betont mit Recht: Die »theologischen Normen der Einschätzung und Beurteilung« müssen hier erst konkretisiert werden.«[78] Konkret werden muss indessen unter Berücksichtigung der so aktuellen Fragestellung überhaupt erst einmal das (Selbst-)Verständnis von Theologie, damit diese spannende Begegnung fruchtbar werden kann.

3. Was ist Theologie eigentlich?

Um das Verhältnis von Theologie und Esoterik näher in Augenschein nehmen und genauer bestimmen zu können, ist es erforderlich, wenigstens umrisshaft auch »Theologie« zu definieren. Viele Lexikonartikel und auch ganze Bücher[79] widmen sich diesem Unterfangen; hier aber kommt es schwerpunktmäßig darauf an, Begriff und Sache der Theologie im Hinblick darauf zu befragen, was sie bedeuten unter dem Aspekt ihres Bezogenseins auf mehr oder weniger benachbartes religiöses Sein und Denken insbesondere esoterischer Art.

Einigermaßen wörtlich wäre »Theologie« mit »Wissenschaft von Gott« zu übersetzen. Nun kann Gott freilich kein Gegenstand der Wissenschaft sein, weil er nicht zur Welt als solcher gehört, sondern als deren Schöpfer

---

77 Man bedenke zudem, dass es einst ein Theologe war, der 1852 die Wissenschaft der Parapsychologie auf den Weg gebracht hat (vgl. Werner Thiede: Parapsychologie und Theologie, in: Grenzgebiete der Wissenschaft 52 [2003], 57–81).

78 Walter Sparn: Esoterik? Ein theologischer Orientierungsversuch, in: Arbeitshilfe für den evangelischen Religionsunterricht an Gymnasien, Folge I, Erlangen 1998, 17–26, hier 17.

79 Vgl. z. B. Falk Wagner: Was ist Theologie? Gütersloh 1989; Oswald Bayer: Was ist das: Theologie? Eine Skizze, Stuttgart 1973; ders.: Theologie, Gütersloh 1994; ferner Wolfhart Pannenberg: Wissenschaftstheorie und Theologie, Frankfurt a. M. 1973.

gilt. Darum übersetzt Hermann Deuser »Theologie« mit »Gott-Rede« und konstatiert, diese trete »auf im Kontext religiöser Erfahrung«[80]. Neben Glaube und Bekenntnis könne hier wissenschaftliche Theologie eine Gestalt der Gott-Rede sein, nämlich deren kritisch-reflektierte Fassung. Die im wissenschaftlichen Sinn verstandene Theologie bediene sich allgemeingültiger Begrifflichkeit, die auf philosophisch-theologische Begriffsarbeit zurückgehe, und sie arbeite »explizit metaphysisch« in Kooperation mit der philosophischen Metaphysik.

Diese Unterscheidungen mögen zunächst einleuchten, werfen jedoch die Frage auf, ob denn »Theologie« nun eher als Funktion einer Religion oder eher als Religionswissenschaft, näherhin als Religionsphilosophie zu verstehen sei. Beide Grundpositionen werden innerhalb der Theologie selbst vertreten. Wolfhart Pannenberg etwa erklärt: »Theologie als Wissenschaft von Gott ist also nur möglich als Religionswissenschaft, und zwar nicht als Wissenschaft von der Religion überhaupt, sondern von den geschichtlichen Religionen.«[81] Als Aufgabe der Theologie ergebe sich »die Prüfung der religiösen Überlieferungen überhaupt auf ihre spezifisch religiösen Ansprüche« hin. Hier stellt sich freilich die Frage, nach welchen Kriterien eine solche Prüfung eigentlich zu geschehen hätte. Sollten es die einer allgemeinen wissenschaftlichen Vernunft sein? Das würde zwar zu der Bestimmung, Theologie sei als »Religionswissenschaft« zu definieren, passen; doch weiß ja Pannenberg selbst, dass Vernunft geschichtlich und plural zu verstehen ist.[82] Sollte insofern die »ihrerseits kritikfähige Glaubensvernunft«[83] es sein, der die Prüfungskriterien zu entnehmen wären, dann würde Theologie tatsächlich als eine Funktion der betreffenden Religion und mitnichten als »Religionswissenschaft« verstanden.

---

80   Hermann Deuser: Kleine Einführung in die Systematische Theologie, Stuttgart 1999, 16 f. Nächste Zitate 23 und 27.
81   Pannenberg, a. a. O., 317. Nächstes Zitat 324.
82   Vgl. W. Pannenberg: Glaube und Vernunft, in: ders.: Grundfragen systematischer Theologie, Göttingen 1967, 237–251, bes. 243 f. Wie Max Seckler unterstreicht, ist mittlerweile die »Geschichtlichkeit der philosophischen Vernunft, die keine starre und in diesem Sinn ›ewige‹ Größe, sondern ein sich wandelndes und darin auch wachsendes Organ der Einsicht und der Verantwortung ist, deutlicher ins Bewußtsein getreten« (Aufklärung und Offenbarung, in: Christlicher Glaube in moderner Gesellschaft 21 [1981], 8–78).
83   So habe ich im Gegenwurf zum Kantschen »Vernunftglauben« formuliert in: W. Thiede (Hg.): Glauben aus eigener Vernunft? Kants Religionsphilosophie und die Theologie, Göttingen 2004, 67–112, hier 86.

Der Unterschied liegt keineswegs in der Qualität oder Quantität des Vernunftsgebrauchs, sondern in der Perspektive – denn menschliche Vernunft gibt es letztlich nicht ohne Perspektivität. Wilfried Härle erklärt demgemäß: »Während die Religionswissenschaft sich mit dem christlichen Glauben bewußt aus einer *Außenperspektive* befaßt, arbeitet die Theologie ebenso bewußt aus der *Innenperspektive* heraus. Beides ist zu unterscheiden, aber aufeinander bezogen, in vielerlei Hinsicht sogar auf einander angewiesen.«[84] Härle zufolge ist Theologie »eine Funktion des Glaubens. *Christliche* Theologie ist folglich eine Funktion des christlichen Glaubens.« Diese Bestimmung von Theologie dürfte insofern korrekturbedürftig sein, als Glaube ja wiederum eine *creatura verbi* ist, das in der Kirche verkündet wird. Von daher ist im Sinne Karl Barths Theologie präziser als eine »Funktion der Kirche«[85] zu bestimmen. Sie stellt, wie mit Ingolf U. Dalferth zu unterstreichen ist, eine »kritisch-normative Disziplin« dar und ist dementsprechend klar zu unterscheiden von deskriptiver Religionswissenschaft[86] – eine Differenz, die auch von religionswissenschaftlicher Seite zu bejahen ist.[87]

In dieser Hinsicht bleibt allerdings noch nach dem Unterschied von Theologie und Religionsphilosophie zu fragen, nachdem Letztere nicht auf deskriptive Religionswissenschaft reduziert werden kann. Paul Tillich unterscheidet hier fundamentaltheologisch zwischen »religionsphilosophischem« und »theologischem Zirkel«.[88] Der »Zirkel, dem kein Religionsphilosoph entgehen kann«, besteht laut Tillich darin, dass sich das »mystische Apriori« im wissenschaftlichen Prozess überhaupt nur deshalb entdecken lässt, weil es »von Anfang an darin gegenwärtig war.« Der hiervon zu unterscheidende »theologische Zirkel« kreist zwar kein völlig anderes Gebiet ein, fügt aber dem »mystischen Apriori« das »Kriterium der christlichen Bot-

---

84 Wilfried Härle: Dogmatik, Berlin – New York 1995, 10. Nächstes Zitat ebd.
85 Vgl. Karl Barth: Die Kirchliche Dogmatik I/1, Zollikon 1932, § 1; analog Wilfried Joest: Dogmatik, Bd. 1: Die Wirklichkeit Gottes, Göttingen 1984, 19.
86 Vgl. Ingolf U. Dalferth: Kombinatorische Theologie, Freiburg i. Br. 1991, 37. Gerhard Ebeling betont: »Die Theologie unterscheidet sich von der Religionswissenschaft offenbar doch darin, daß sich der Theologe mit der Sache der Theologie identifiziert, sie vertritt und für sie eintritt. Ginge ihm dies wider sein Gewissen, so könnte er seine Arbeit wohl als Religionswissenschaftler tun, nicht aber als Theologe« (Dogmatik des christlichen Glaubens, Bd. 1, Tübingen 1979, 18).
87 Vgl. Bochinger, Esoterik, 280.
88 Vgl. Paul Tillich: Systematische Theologie, Bd. I, Stuttgart 1977⁵, 15 ff.

schaft hinzu.«[89] Die Verengung ist formal dadurch gekennzeichnet, dass der Theologe anders als der Religionsphilosoph in seinen Begriffen nicht »allgemein und abstrakt« bleibt, vielmehr »mit Absicht spezifisch und konkret« wird. Während der »Religion« reflektierende Philosoph die ihm unweigerlich begegnenden Konkreta zu abstrahieren versucht, behauptet der Theologe inhaltlich »die Allgemeingültigkeit der christlichen Botschaft trotz ihres konkreten und speziellen Charakters. Er rechtfertigt diesen Anspruch nicht, indem er von der Konkretheit der Botschaft abstrahiert, sondern indem er ihre unwiederholbare Einzigartigkeit betont. Er betritt den theologischen Zirkel mit einer konkreten Überzeugung. Er betritt ihn als ein Glied der christlichen Kirche zur Erfüllung einer der wesentlichsten Funktionen der Kirche, nämlich ihres theologischen Selbstverständnisses.«[90]

Wird somit Theologie konsequent als kritisch-konstruktive Funktion einer Religion, christliche Theologie also als Funktion der christlichen Kirche verstanden, dann verknüpft sich mit dieser Bestimmung – und nur mit ihr! – eine Beheimatung ihres wissenschaftlichen Tuns und Bestrebens, die gerade im Gegenüber zur Esoterik tiefen Sinn macht, weil sie elementare Klarheiten und Identifizierungen auf Seiten der Suchenden wie auf Seiten der Antwortenden selbst ermöglicht. Wer unter Hinweis auf die »postmoderne« Gesamtsituation mit ihren pluralistischen Rahmenbedingungen eben diesen Sinn bestreitet,[91] der verkennt, dass christliche Theologie ihre Identität bereits ursprünglich inmitten eines religiösen, näm-

---

89 A. a. O., 17. »Die Grundhaltung des Theologen ist Bindung an den Inhalt, den er erklärt. ... Theologie ist notwendig existentiell, und keine Theologie kann dem theologischen Zirkel entrinnen« (31).

90 A. a. O., 17. Dass Tillich diese Bestimmung mit dem Kriterium des besonderen existenziell-religiösen Betroffenseins untermauert, macht sie nicht gerade präziser (dazu Werner Thiede: Wer ist der kosmische Christus? Karriere und Bedeutungswandel einer modernen Metapher, Göttingen 2001, 56 ff.).

91 »Wahres Christentum ist als persönliches Christentum immer undogmatisch«, meint Trutz Rendtorff (Christentum außerhalb der Kirche, Hamburg 1969, 77). Joachim Kunstmann ist der Ansicht, der gegenwärtige Individualisierungsschub bringe eine »zunehmende Unmöglichkeit von autoritärer Normierung« mit sich – zumal »Pluralisierung faktisch mit Relativierung einhergeht« (Christentum in der Optionsgesellschaft. Postmoderne Perspektiven, Weinheim 1997, 13). »Die Kirchen sind nicht mehr die alleinigen Wahrer religiöser Wahrheit ... Sie stellen – der religiösen Marktlogik entsprechend – selbst noch einmal Teilsegmente im religiösen Sektor, ein Angebot, eine verpflichtungsfreie wählbare Option unter vielen anderen dar« (18).

lich des spätantiken Pluralismus gewonnen hat und dass ihre Aufgabe auch heutzutage vornehmlich darin besteht, als Funktion christlicher Kirche deren Botschaft öffentlich plausibel zu machen. Christian Geyer betont mit Recht:»Christen haben in der Welt immer dann eine fruchtbare Spur hinterlassen, wenn sie sich von ihrem spirituellen Nährboden nicht ablösten.«[92] Das gilt im Grunde auch für jede Theologie. Gerade indem christliche Theologie unter anderem selbstkritisch zu sein hat, sollte sich ihre Kritik weniger gegen ihre ureigenste Substanz richten (was keinesfalls heißen soll, dass kritisch-überprüfende Reflexionen auch ihrer Grundurkunden und Bekenntnisse für sie obsolet wären) als vielmehr gegen deren absichtliche oder durch Missverstehen bedingte Zerstörung bzw. Gefährdung. Das muss unter anderem erreicht werden durch verantwortliche, hermeneutisch reflektierte Kommunikation der kirchlichen Grundbotschaft in die jeweilige gesellschaftliche Situation hinein. Trefflich unterstreicht Jan Ross:»Christen schulden ihren Gesprächspartnern die Darlegung des Elementar-Christlichen und des Unterscheidend-Christlichen. Zur Bestimmung dieses Unterscheidend-Christlichen aber gehört die Orientierung am trinitarischen Bekenntnis und an der Rechtfertigungslehre, in denen Jesus Christus als Zentrum und Mitte heilvoller göttlicher Selbstmitteilung bezeugt wird.«[93]

Die theologische Orientierung am Grundbekenntnis aller großen christlichen Kirchen zum trinitarischen Gottesglauben muss dabei unter grundlegender Bezugnahme auf die biblischen Quellen erfolgen. Trinitarisches Denken und Reden darf also nicht beliebigen religionsphilosophischen oder esoterischen Ausdeutungen überlassen werden, die mitunter gern zahlensymbolisch oder sonst irgendwie die Dreizahl auf das monistisch verstandene Eine zu beziehen wissen und somit nur dem Schein nach an die trinitarische Tradition des Christentums anknüpfen. Recht verstanden stellt die christliche Trinitätslehre ein theologisches Bollwerk gegen monistische Umdeutungen bzw. Verzerrungen dar – also gegen einen folgenreichen Paradigmenwechsel.

92   Christian Geyer: Wohin mit der Heilsanstalt? Kirche in der Gesellschaft, in: Nach Gott fragen, Sonderheft Merkur 53 (1999), 877–890, hier 878.
93   Jan Ross: Mehr Gott wagen, in: Tolerant aus Glauben. Lesebuch zur Vorbereitung der 4. Tagung der 10. Synode der EKD, Berlin 2005, 13–25, hier 24.

Insofern war es nur konsequent, dass Friedrich Daniel Ernst Schleiermacher, dessen »Glaubenslehre« selbst einen monistischen Ansatz verrät,[94] die Trinitätslehre – um die er als christlicher Dogmatiker nicht ganz umhin konnte – ganz nachrangig behandelte, indem er sie an den Schluss stellte und mit der Bemerkung kommentierte, sie habe »nicht den gleichen Werth mit den übrigen eigentlichen Glaubenslehren«[95]. Und wenn manche zeitgenössischen Theologen die Trinitätslehre als überflüssigen Traditionsballast einstufen, der mit Blick auf das ohnehin heute in der Kirche überwiegend gerade noch Geglaubte zu quittieren sei,[96] dann sind solche Voten weniger begründet in bestimmten Prozentzahlen methodisch hinterfragbarer Umfragen als vielmehr in zielbewussten Strebungen geistiger Paradigmenkämpfe. Kann und darf die »Theologie als Wissenschaft« laut Klaus-Peter Jörns »nicht sagen, daß irgendeine dogmatische Wahrnehmungsgestalt dieses Jesus Christus über Glaube oder Unglaube entscheidet«[97], so liegt damit ganz offenkundig ein Theologie-Verständnis vor, das keinen trinitätstheologischen Kriterien mehr verpflichtet ist. Solch liberale Theologie erweist sich freilich relativ problemlos als kompatibel mit natürlicher Religiosität, mit konturenarmen Spiritualitätsprofilen, wie sie derzeitige Umfragen erheben, und demgemäß auch mit der monistisch strukturierten Esoterik.

Christlicher Glaube an die göttliche Dreieinigkeit hingegen impliziert die theologisch bestimmte Unterscheidung von Vater, Sohn und Heiligem Geist auf der Basis des Gekommenseins Jesu als des Christus. Diese Unter-

---

94 Vgl. Felix Flückiger: Philosophie und Theologie bei Schleiermacher, Zollikon-Zürich 1947: »Der monistische Grundgedanke vermag sich auch in der Dogmatik durchzusetzen. Alle ursprünglich dualistischen Momente werden umgedeutet in nur relative Gegensätze ...« (169). »Gott und Welt bilden nur den höchsten Gegensatz des einen unendlichen Seins. ... Die Gottheit ist absolute, aber indifferente Weltkraft, welche in ewiger Tätigkeit das Differenziert-Wirkliche aus sich entläßt. ... Gottheit und Weltprinzip sind eines« (167 f.). Der monistische Spiritualismus Schleiermachers liegt zu Tage: »Alle Verschiedenheiten des Geistes sind vielmehr zu denken als bloße Abstufungen in der Erscheinung desselben einheitlichen Prinzips ›Geist‹« (172; vgl. 174 und 176). Vgl. auch Julia A. Lamm: The Living God. Schleiermacher's Appropriation of Spinoza. Pennsylvania: The Pennsylvania State University Press, 1996.

95 Friedrich Schleiermacher: Der christliche Glaube (1821–1822). Studienausgabe Bd. 2, Berlin – New York 1984, 358 f.

96 So an vorderster Front Klaus-Peter Jörns: Die neuen Gesichter Gottes. Was die Menschen heute wirklich glauben, München 1999[2], 204 mit 210 f.

97 Jörns, a. a. O., 232.

scheidung ist keine formal-abstrakte, sondern besagt kurz gesagt erstens, dass der Dreieine die Welt geschaffen hat, dass er zweitens das so gesetzte Gegenüber einschließlich der damit gegebenen Entfremdung[98] in seinem Sohn ein- für allemal heilvoll transzendiert hat und dass er drittens in der Gestalt und Kraft seines Geistes auf dem Weg ist, die Schöpfung vollends zu erlösen, sie »theonom« zu integrieren. Solches trinitarische Konzept stellt die überbietende Alternative zu monistischen und zu dualistischen, zu »autonomen« (pantheistischen[99], oft esoterischen) wie zu »heteronomen« (theistischen, oft fundamentalistischen) Grundmodellen dar.

Während dualistisch-theistisches Denken, vorherrschend etwa im Judentum und Islam, trinitätstheologische Überzeugungen schlicht ausschließt, versucht monistisches Denken wie gesagt mitunter, trinitarische Strukturen zu integrieren. Solche Versuche sind in einigen spiritualistisch beeinflussten Theologien alter und neuer Zeit, vor allem aber in der Esoterik anzutreffen, und zwar insbesondere dort, wo man sich auf die Vorgaben der modernen Theosophie bezieht. Schon Helena P. Blavatsky hat den Logos des Einen »trinitarisch« als emaniert in drei Logoi gedeutet, und ihre Schülerin Annie Besant hat auf dieser Basis den Begriff des »kosmischen Christus« entwickelt, noch bevor der Terminus auch kirchlich-theologisch eingeholt wurde.[100] Auf diese Weise ist es zu allerlei esoterischen Deutungen Jesu gekommen, die jedenfalls eines gemeinsam haben: dass sie nicht kompatibel sind mit christlicher Trinitätstheologie, mögen sie auch gelegentlich auf die theologische Diskussion Einfluss genommen haben. Dementsprechend haben sich in der Esoterik Erlösungsmodelle etabliert, die wiederum trinitätstheologisch nicht verantwortbar bzw. mit der biblischen Versöhnungs- und Erlösungslehre unvereinbar sind, mögen sie

---

98 Näheres hierzu im zweiten Hauptteil meines Buches »Der gekreuzigte Sinn« (2007).

99 Oft wären hier panentheistische Modelle einzubeziehen, wie sie theologisch weit verbreitet sind; das näher auszuführen, fehlt hier der Raum, habe ich aber bereits in meiner Dissertation »Auferstehung der Toten« (Göttingen 1991, bes. Kap. IV) sowie in meiner Habilitationsschrift »Wer ist der kosmische Christus?« (2001, besonders Kap. I und II) unternommen.

100 Die Aufarbeitung dieser Begriffsgeschichte ist Gegenstand meiner in der vorigen Fußnote genannten Habilitationsschrift.

101 Der Umstand, dass spiritueller Monismus und damit Esoterik das »Kreuz« keineswegs zwangsläufig als »Torheit« deuten muss, hat eine regelrechte »theosophia crucis« (Thiede, Christus, 55 passim) emporwachsen lassen. Die »symbolische Verharm-

auch noch so oft auf das Kreuzessymbol[101] oder das Golgathageschehen[102] Bezug nehmen. Die Balance der Zweinaturenlehre – »eine der bedeutendsten Schöpfungen der menschlichen Religionsgeschichte«[103] – wird auf esoterischem Terrain, und zwar auch in den Gefilden sogenannter »christlicher Esoterik«, nirgends gehalten: Entweder kommt es – zumindest ansatzweise – zu doketischer Christologie bzw. »Christosophie« (z. B. bei Rudolf Steiner), oder man begegnet einfach dem Menschen Jesus, dessen Göttlichkeit als ein »anthropologisches« Wesensmerkmal und in diesem Deutungshorizont allenfalls *relativ* gesteigert erscheint. Letzteres gilt übrigens auch für die Jesus-Deutung in Dan Browns umstrittenem Bestseller und Kinofilm »Sakrileg«[104] und die damit verbundenen Gralstheorien Michael Baigents.[105]

Solch relativierende Deutung Jesu – der eine relativierende Sicht der ihn bezeugenden Heiligen Schriften korrespondiert[106] – tangiert freilich das Zentrum christlicher Glaubenstradition. Sie ist gleichwohl im Kontext von Moderne und Postmoderne immer beliebter geworden, um sich neuerdings gern im Horizont christlicher Religionstheologie zu etablieren. Gewiss muss christliche Theologie angesichts des heute vorherrschenden religiösen Pluralismus immer auch ein Stück weit christliche Religionstheologie sein; das heißt, sie hat sich selbst und die christliche Religion bzw. Kirche im Horizont der gesamtreligiösen Situation zu reflektieren und in Korrelation zu ihr zu setzen. Diese Aufgabe lässt sich aber nicht angemessen lösen unter Relativierung der christlichen Identität solcher

losung« des Kreuzes liegt im Übrigen – wie Ingolf U. Dalferth treffend bemerkt – »im religiösen Trend der Zeit, der das Unspezifische liebt und alles hinzunehmen bereit zu sein scheint, was das Gefühl anspricht und die Einbildungskraft befriedigt« (Der auferweckte Gekreuzigte, Tübingen 1994, 50).

102 Vgl. Werner Thiede: Rudolf Steiner vor dem »Mysterium von Golgatha«. Eine historisch-kritische Perspektive, in: Materialdienst der EZW 66 (2003), 465–468.
103 Karl-Heinz Ohlig: Fundamentalchristologie, München 1986, 289.
104 Vgl. Dan Brown: Sakrileg. Roman, Bergisch-Gladbach 2004. Kritisch dazu z. B. Alexander Schick: Das wahre Sakrileg. Die verborgenen Hintergründe des Da-Vinci-Codes, München 2006; Hank Hanegraaff/Paul L. Maier: Dan Browns Sakrileg (The Da Vinvi Code), Bielefeld 2006; Darell L. Bock: Die Sakrileg-Verschwörung, Gießen 2006.
105 Vgl. Henry Lincoln/Michael Baigent/Richard Leigh: Der Heilige Gral und seine Erben. Ursprung und Gegenwart eines geheimen Ordens, Bergisch Gladbach 1984; Michael Baigent: Die Gottes-Macher. Die Wahrheit über Jesus von Nazareth und das geheime Erbe der Kirche, Bergisch Gladbach 2006.
106 Das betont Hempelmann, Esoterik, 50.

Religionstheologie, die sonst nämlich zur – vielleicht durchaus frommen – Religionsphilosophie mutiert.[107] Das wird in den betreffenden Diskursen unserer Gegenwartskultur entschieden zu wenig beachtet. Die Folge ist derzeit ein Gemenge religionstheologischer Entwürfe, das durchsetzt ist von mancherlei religionsphilosophischen Perspektiven mit teilweise unverkennbaren Affinitäten zu esoterischen Religionstheorien. Pluralismus und Monismus bedingen einander ja gegenseitig, wie bereits dargelegt. Daraus resultiert eine verdächtige Nähe manch gegenwärtiger Religionstheologien zu esoterisch-monistischem Religionsverständnis.[108] Typisches Kennzeichen beider Denkungsarten ist eine betonte Offenheit für synkretistische Prozesse.[109] »Dass sich in den esoterischen Gruppen synkretistische Religiosität sozusagen in Reinkultur präsentiert, ist unübersehbar«, erklärt Manfred Josuttis.[110] Auch religionstheologisch wird das »Unterscheidend-Christliche« oft aufgegeben[111] oder zurechtgebürstet für den Gebrauch in einem kaum mehr christlich zu nennenden Paradigma. So meint etwa Perry Schmidt-Leukel, weder Inklusivismus noch Exklusivismus, sondern nur der Pluralismus sei »zu einer genuinen Wertschätzung religiöser Vielfalt in der Lage«[112]; und solchen Pluralismus hält er für christlich vertretbar – nämlich unter der Voraussetzung (!), dass »Jesus weder der einzige, noch der allen anderen überlegene Mittler heilshafter Transzendenzerkenntnis« sei.[113] Damit

---

107 Dies gilt auch mit Blick auf Gerhard Gäde: Christus in den Religionen, Paderborn 2003, wo der Absolutheitsanspruch aller großen Religionen hochgehalten wird, was aber im Ergebnis doch einem verkappten Relativismus gleichkommt.

108 Zum esoterisch beliebten Modell einer »Welteinheitsreligion« hinter der Pluaralität der Religionen, vgl. z. B. Schumacher, a. a. O., 41 ff.

109 Zum Stichwort »Synkretismus« vgl. meine systematisch-theologischen Darlegungen in: Esoterik – die postreligiöse Dauerwelle, Kap. IV. Der oft zitierten Binsenweisheit, dass es bereits in Israel und im frühen Christentum im Zuge hilfreicher integrativer Prozesse »Synkretismus« gegeben habe, muss die Erkenntnis zur Seite gestellt werden: Das sich und seine Dogmen entwickelnde Christentum hat zwar ein reiches geistiges Erbe angetreten, aber nicht generell assimilierend, sondern unterschiedlich integrierend, umwandelnd und, wo nötig, auch negierend, ablehnend!

110 Manfred Josuttis: Esoterik in pastoraltheologischer Sicht, in: H. Wiesendanger (Hg.): Wie Jesus heilen, Schönbrunn 2005³, 108.

111 Kein Wunder, dass sich der Berliner Theologe Jörns (s. o.) verteidigend-positiv zum Synkretismus stellt (vgl. a. a. O., 225 f.) und auch dem Phänomen der Esoterik insgesamt recht aufgeschlossen begegnet (vgl. 214 f.)!

112 Perry Schmidt-Leukel: Gott ohne Grenzen, Gütersloh 2005, 190.

113 A. a. O., 191 f. Der Religionsphilosoph John Hick hat analog dazu für eine »christliche« Form pluralistischer Religionstheologie folgende relativistische Kurzformel ge-

aber ist bereits apriorisch ein Grunddatum kirchlichen Bekenntnisses aufgegeben, das gewiss außenperspektivisch in Frage zu stellen ist, von dessen
Geltung jedoch *christliche* Theologie binnenperspektivisch nicht prinzipell
abstrahieren kann, ohne wiederum ihren Charakter als christliche Theologie selbst preiszugeben. War doch schon im spätantiken Pluralismus der Spi-
ritualitäten klar, dass die christliche Botschaft Jesus als Gottessohn und
Erlöser in keiner Weise relativistisch betrachtet hat!

Die um sich greifende liberal-theologische Forderung nach »Abstand zu
absoluten Gültigkeiten« – so etwa Kunstmann[114] – verkennt nicht nur, dass
auf dem nichtchristlich-religiösen[115] und gerade auch dem esoterischen
Markt eine Pluralität von mancherlei Absolutheitsansprüchen zu finden
ist,[116] die es keineswegs zu unterbieten gilt, sondern vor allem, dass es im
Konflikt zwischen Paradigmen allemal ums Grundsätzliche geht: Nicht
zuletzt das Verbot von Absolutheitsansprüchen beansprucht Absolutheit!
Immerhin fordert Kunstmann gleichzeitig: »Aufgabe der Theologie wäre
es, gerade in einer als instabil, verflüssigt und unübersichtlich erfahrenen
gesellschaftskulturellen Situation schlüssige Deutungen und tragfähige

---

prägt: Hinreichend sei »der Glaube, dass es eine unbedingte, transzendente Wirklichkeit gibt, die die Quelle und der Grund von allem ist; dass diese Wirklichkeit in
Bezug auf das menschliche Leben gut ist; dass sich die universale Gegenwart dieser
Wirklichkeit auf menschliche Weise widerspiegelt (›inkarniert‹) im Leben der großen
spirituellen Leitgestalten der Welt; und dass wir unter diesen in Jesus unsere haupt-
sächliche Offenbarung dieser Wirklichkeit sowie den hauptsächlichen Wegweiser
für unser Leben gefunden haben« (zitiert nach Schmidt-Leukel, a. a. O., 191). Ähnlich
Leonard Swidler: Der umstrittene Jesus, Stuttgart 1991, 111 f.; Reinhold Bernhardt:
Zwischen Größenwahn, Fanatismus und Bekennermut, Stuttgart 1994, 230 f.

114 Vgl. a. a. O. (s. Anm. 91), 232.

115 Der evangelische Religionswissenschaftler Theo Sundermeier gibt zu bedenken, »daß
sich in der Begegnung der Religionen die Grenze der Auseinandersetzung letztendlich
nur verschoben hat. Vielleicht hat sie im Modus der Begegnung an Härte verloren.
Aber auch im Modus der Wahrheitsbehauptung? Die Absolutheiten werden in
gleicher Weise wie früher geäußert, ja letztlich noch umfassender, radikaler, verein-
nahmender« (Evangelisation und die »Wahrheit der Religionen«, in: R. Bernhardt
[Hg.]: Horizontüberschreitung, Gütersloh 1991, 175–190, hier 182). Und sein katholischer Kollege Hans Waldenfels betont, »daß es keine Religion ohne offenen oder verborgenen Absolutheitsanspruch gibt« (Begegnung der Religionen, Bonn 1990, 43).

116 Nach Schumacher (a. a. O., 277) erhebt gerade die esoterisch gestimmte New Age-
Bewegung »einen Absolutheitsanspruch, den sie mit letzter Unnachgiebigkeit und
Intoleranz gegenüber den Andersdenkenden durchsetzen wird, wenn sie die Mög-
lichkeit dazu hat.«

Orientierungen in christlichem Geist anzubieten.«[117] Genau richtig! Aber diese Aufgabe lässt sich nur erfüllen, wenn christliche Theologie auf der Basis spiritueller Authentizität getrieben wird – was übrigens keineswegs heißt, dass sie »autoritär« betrieben werden müsste. Denn trinitarisch grundgelegter Theologie geht es mitnichten – auch und gerade nicht angesichts des unübersehbaren Traditionsabbruchs[118] – um bloße Tradierung dogmatischer Formeln, sondern darum, anhand der formulierten, bewährten Dogmen deren spirituellen Gehalt hermeneutisch aufzuschließen und um dessentwillen konzeptuell bedingte Grenzziehungen, wie sie jeweils kontextuell notwendig werden, verständlich zu machen.

Dabei gilt es theoretisch wie praktisch zu bedenken: Jeder Dialog mit mehr oder weniger esoterisch eingestellten Zeitgenossen wird ein geradezu aporetisches Unterfangen sein. Dass zeitgenössische Theologie und Kirche grundsätzlich dialogwillig sind und »der christliche Glaube heute auch im Gegenüber und in Bezugnahme zur modernen Esoterik zu artikulieren«[119] ist, steht außer Frage. Aber – so mit Recht Reinhard Hempelmann – die »Vereinnahmung und Abwertung der christlichen Tradition in esoterischen Interpretationen machen den Dialog zwischen christlichem Glauben und moderner Esoterik schwer.«[120] Solch ein Dialog hat fast nur dort Sinn, wo kritisch-hermeneutische Reflexionen begleitend möglich sind. Im Übrigen können Theologinnen und Theologen allenfalls dann glaubwürdige Dialogpartner sein, wenn sie den von ihnen vertretenen Glauben nicht allein mit kognitiver Gründlichkeit, sondern auch mit einer entsprechenden spirituellen Würde vertreten, wobei kreuzestheologische Bestimmtheit und Bescheidenheit in Einklang miteinander stehen sollten.

Mit solcher Bestimmtheit sind allerdings eventuell vorgeschlagene »Dialog-Regeln« zurückzuweisen, die von vornherein das monistische Paradigma begünstigen.[121] Denn genau in dieser Hinsich gilt es ja in der

117 A. a. O., 235.
118 Vgl. Meike Rodegro: »Traditionsabbruch« – Problemanzeige oder Mythos?, in: Glaube und Denken 19 (2006), 37–51.
119 Hempelmann, Esoterik, 49.
120 Hempelmann, a. a. O., 50.
121 Derlei religionstheologisch eingebrachte »Regeln« (z. B. bei Leonard Swidler: Die Zukunft der Theologie, Regensburg – München 1992, bes. 45 ff., wo in monistischem Geist für eine »Ökumene der Religionen« plädiert wird) sind kritisch analysiert in meinem Buch »Sektierertum – Unkraut unter dem Weizen?« (Neukirchen-Vluyn 1999, 246 ff.).

Begegnung mit der Esoterik wachsam zu sein. Indes – nicht nur Wachsamkeit ist angesagt, vielmehr überhaupt Aufmerksamkeit. Gibt es von Esoterikern nicht vielleicht auch etwas zu lernen?

4. Kirchlich-theologische Esoterik

Die anhaltende Blüte der Esoterik in unserer Gesellschaft mitsamt ihren Ausläufern in Theologie und Kirche hinein ist Anlass genug für eine theologische Rückbesinnung darauf, dass ein esoterisch-mystisches Element christlichem Glauben und kirchlicher Spiritualität selbst wesenhaft innewohnt – oder innewohnen sollte. Es geht nicht darum, dass Christen nun dem Zeitgeist zuliebe »auch so etwas haben« wollen könnten bzw. mit künstlichem Aufwand aus irgendwelchen Vergangenheiten wieder auszugraben hätten, sondern darum, sich von esoterischer Seite durchaus erinnern zu lassen an eine ursprüngliche Dimension von Theologie und Kirche, die teilweise mit dem Prozess von deren Institutionalisierung und dann vor allem im Zuge der Säkularisierung in Vergessenheit geraten ist.

Dass solche Vergesslichkeit sich spätestens dann rächt, wenn eine frei flottierende Religiosität, die sich vom althergebrachten Volkskirchentum emanzipiert hat, ihre eigenen spirituellen Sinnkonstrukte[122] sucht und – unterstützt von manchen christlichen Verlagen[123] – auch findet, hat sich mittlerweile schon ein Stück weit herumgesprochen. Eine erstaunlich breite Rückbesinnung auf den Begriff und die Sache der »Spiritualität« ist in Theologie und Kirche erfolgt – allerdings oft in wenig festgelegter Weise. Joachim Kunstmann beispielsweise rät, Theologie und Kirche sollten »die evangelisch-freie, individuelle Spiritualität der Menschen fördern«, und ergänzt: »Ein neues Bewußtsein für das Heilige, für Religiosität und spirituelle Lebensführung muß vor allem im kirchlichen Arbeiten und Denken

---

122 Vgl. Wilhelm Gräb: Sinnfragen. Transformationen des Religiösen in der modernen Kultur, Gütersloh 2006.

123 Man denke an so manche Bücher im Kösel-Verlag (neuestens: »Das Yoga-Jahr« von Roswitha Maria Gerwin, 2006; »Der Ruf der Mayas. Von der Magie uralter Prophezeiungen. Eine Schamanenreise« von Wiek Lenssen, 2006; »Hört die Stimme des Herzens. Werdet Priesterinnen und Priester der kosmischen Wandlung« von Pia Gyger, 2006), an einige Produkte im Kreuz Verlag (z. B. »Das Kreuz. Die Geheimlehre Jesu« von Paul Schwarzenau, 1990) oder einschlägige »Enneagramm«-Publikationen im Claudius- und im Herder-Verlag.

wachsen. Dafür gilt es, die Kompetenz im verantwortlichen Umgang mit dem Heiligen zu stärken und deren Bedeutung neu zu erkennen. ... Die Theologie wird entsprechend die Dimensionen des Heiligen, der Liturgie und des Feierlichen nicht länger als sekundär betrachten können.«[124] Das ist wohl richtig bedacht, aber doch noch nicht ausgegoren: Was bedeutet »individuelle Spiritualität«, zumal im Zusammenhang einer neuen Betonung des Kultischen? Josuttis etwa repristiniert den Energie-Begriff für die Frömmigkeit und schlägt auf diese Weise eine Brücke zu esoterischem Denken.[125] Damit liegt er auf der Linie von zeitgeistkonformen Plädoyers für eine monistische Spiritualität ohne personalen Gottesbezug, dessen Bedeutung für christliche Frömmigkeit[126] damit aber sträflich vernachlässigt wird. Demgegenüber ist mit Reinhard Hempelmann zu unterstreichen: »Esoterische Religiosität erinnert die Kirchen an die Notwendigkeit ihrer eigenen religiösen Profilierung.«[127]

Solche Profilierung sollte nichts Gekünsteltes an sich haben, sondern mit der Rückbesinnung auf jene meist in Vergessenheit geratene »esoterische« Spiritualität einhergehen, die christlichem Glauben im Grunde wesenhaft eignet. Das ist eine Dimenion gelebten und erfahrenen Glaubens, die weder erst produziert noch synkretistisch herbeigesucht werden muss. Sie kommt denn auch neutestamentlich nicht irgendwo abseits zur Sprache, sondern durchaus an zentralen Stellen – etwa wenn Jesus in der Bergpredigt vom zurückgezogenen Gebet und vom Vollkommen-Sein spricht oder wenn Paulus in unmittelbarer Nachbarschaft zu seinen kreuzestheologischen Ausführungen die Tiefen christlicher Spiritualität thematisiert. Wolfgang Reinbold erklärt: »Es gibt im Neuen Testament ›Esoterik‹ im strengen Sinne, d. i. ein nicht allen Menschen bzw. nicht allen Christgläubigen zugängliches Wissen. Das eindrucksvollste Beispiel findet sich in 1. Kor 2,6–3,4, wo der Apostel ganz unbefangen von Vollkommenen in der christgläubigen Gemeinde spricht. Es gibt geistliche Menschen, griechisch: Pneumatiker, eine Art obere Klasse, die mit dem Geist Gottes unmittelbar in Kontakt steht ... Das Wesen des echten Pneumatikers zeigt sich in seiner Praxis ... Der Apostel macht hier deutliche Unterschiede, es gibt solche und solche unter den

124 Kunstmann, a. a. O., 238 f.
125 Vgl. Manfred Josuttis: Esoterik, 116; ders.: Segenskräfte, Gütersloh 2000.
126 Vgl. Klaus Berger: Ist Gott Person? Gütersloh 2004.
127 Hempelmann, Esoterik, 54.

Christgläubigen.«[128] Wie Gerd Theißen in einer fulminanten Exegese des
betreffenden Briefabschnitts zeigt, führt der Apostel in seiner »ekstati-
schen Offenbarung«[129], deren Sitz im Leben ein innerer Zirkel der Gemeinde als Ort von inspirierter Weisheitsrede gewesen sein dürfte, die Kreuzes-
predigt von 1. Kor 1 in ganz bestimmter Hinsicht weiter:»Die höhere Weisheit des Paulus besteht nicht in neuen Inhalten, sondern in einer höheren
Bewußtseinsstufe, mit der dieselben Inhalte reflektiert werden. In der ›An-
fangspredigt‹ wird der Christ vom Symbol des Kreuzes ergriffen. Durch die
›Vollkommenheitslehre‹ aber begreift er erst, was ihn ergreift. Der Unmün-
dige wie der Vollkommene werden von derselben Offenbarung getroffen,
aber nur der Vollkommene durchschaut, was sich an ihm und in ihm vollzieht.«[130] Auch der Hebräerbrief kennt ein Fortschreiten von anfänglichem
zu gereiftem Christusglauben:»Wem man noch Milch geben muss, der ist
unerfahren in dem Wort der Gerechtigkeit, denn er ist ein kleines Kind. Feste
Speise aber ist für die Vollkommenen, die durch den Gebrauch geübte Sinne
haben und Gutes und Böses unterscheiden können« (5,13 f.).

In diesem Sinn gab es von Anfang an ein »esoterisches« Christentum –
aber eben nicht mehr oder weniger neben der Kirche als häretische Randerscheinung, wie das meist mit dem Begriff zu verbinden wäre,[131] sondern

128 Wolfgang Reinbold: Christentum und Esoterik aus neutestamentlicher Perspektive,
in: DtPfrBl 102 (2002), 283–386, hier 385.
129 Vgl. Gerd Theißen: Psychologische Aspekte paulinischer Theologie, Göttingen 1983,
341 und 345. Die Singularität dieser »höheren Weisheitsrede« im paulinischen Brief-
korpus schließt nicht aus, »daß uns aus der Schule des Paulus etwas von dieser verborgenen ›Weisheit‹ in den deuteropaulinischen Briefen (Kol; Eph) bewahrt wurde« (346).
Übrigens leuchtet Theißen nicht ein, dass Paulus in 1. Kor 1–2 eine »polemische Anpas-
sung« an gnostisierende Adressaten sei (383), wie das exegetisch gern unterstellt wird.
130 Theißen, Aspekte, 349. Paulus spricht hier von einer »überwältigenden Bewußtseiner-
weiterung über menschliche Grenzen hinaus« (363), die man mit Blick auf den »Sitz im
Leben« bei seiner Rede durchaus unter den freilich schillernden Begriff einer »christlichen Esoterik« (vgl. Conzelmann, Korinther, 75.78) subsummieren kann. Für Theißen handelt es sich jedenfalls um »esoterische Lehre für Vollkommene« (vgl. 374). Die
Rede von den »Vollkommenen« stammt »aus der Sprache der Mysterienkulte; das Denken der korinthischen Pneumatiker war den Mysterien nicht ganz fremd« (Gottfried
Voigt: Gemeinsam glauben, hoffen, lieben. Paulus an die Korinther I, Göttingen 1989,
28). Siehe ferner Florian Voss: Das Wort vom Kreuz und die menschliche Vernunft,
Göttingen 2002. Hans-Christian Kammler: Kreuz und Weisheit, Tübingen 2003,
bestreitet indessen eine urchristliche Unterscheidung zwischen einfachen und weis-
heitlich fortgeschrittenen Christen.
131 Vgl. etwa das indirekt anthroposophisch inspirierte Buch von Gerhard Wehr: Esoterisches Christentum, Stuttgart 1995².

mitten in der Kirche, geradezu in ihrem Zentrum. Diese Dimension muss in Theologie und Kirche wiedergewonnen werden, soll sie nicht notgedrungen in esoterischen oder fundamentalistischen Zirkeln ein ungebührliches Randdasein fristen. »Dämpft den Geist nicht« (1. Thess 5,19). Hempelmann unterstreicht mit Recht: »Auch wenn die Antworten esoterischer Spiritualität weithin christlich nicht einholbar sind, muss die Sehnsucht, die hinter ihr steht, das kirchliche Handeln zu selbstkritischer Prüfung veranlassen.«[132] Josuttis fordert daher: »Was in den esoterischen Gruppen auf höchst unterschiedliche Weise versucht wird, müsste auf jeden Fall besser, klarer und stärker in den Kirchengemeinden passieren«; denn: »Zur wahren Kirche gehört in Wirklichkeit eine esoterische Dimension.«[133]

Die volkskirchlich gewachsenen Strukturen der auf Öffentlichkeit bedachten Strukturen des Christentums sind freilich wenig dazu angetan, die Mysterien des Glaubens angemessen zu beheimaten. Theologie und Kirche leben gleichwohl zuallererst und zuallerletzt von jenem Innersten der christlichen Religion, das zu vernachlässigen allemal Schaden auch im Blick auf ihre Öffentlichkeitswirksamkeit mit sich bringt. Sie täten daher gut daran, in ihren Programmen, Aktivitäten und Räumen verstärkt Platz zu schaffen für Möglichkeiten zur Vertiefung, Verinnerlichung und Reifung des Glaubens und gelebter Spiritualität, zur individuellen und gemeinschaftlichen Überbietung seichter Volks- oder Gewohnheitsfrömmigkeit.[134] Das könnte in einschlägigen Universitätsseminaren und Übungen exegetischer, systematischer und praktischer Theologie ebenso geschehen wie in kirchlicher Erwachsenenbildung und Seelsorgearbeit, vor allem aber in gottesdienstlichen und sonstigen gemeindlichen Veranstaltungen oder Zirkeln.[135]

---

132 Hempelmann, Esoterik, 54.
133 Josuttis, Esoterik, 112 und 117. Gegenüber der esoterischen Bewegung kann es »nur um die Frage gehen, wo denn die wahre Esoterik zu finden ist« (118).
134 Christian Geyer warnt: Den meisten Gläubigen geht es »weniger um ›Heil‹ als vielmehr um ›Geborgenheit‹, am Ende um das, was auch ein Fangobad vermittelt: ›seelische Ausgeglichenheit‹. Über die Wahrheit des Glaubens entscheidet nun allein seine Wirkung auf die wellness. ... Der Theologe, der sich auf eine solchermaßen bedarfsorientierte Rede einlässt, ist von Esoterikgurus und Vitaminpräparateherstellern nicht weit entfernt« (a. a. O., 884).
135 Angemahnt haben eine entsprechende Mystagogie bereits Dietrich Bonhoeffer und Karl Rahner (vgl. Dirk Steinfort: Karl Rahner und Dietrich Bonhoeffer: Mystagogie, Arkandisziplin und die Kirche der Zukunft, in: rhs 49 [2006], 24–28). Aus der Warte

Ein zentrales Element solch kirchlich-theologisch angestrebter und verantworteter »Esoterik« könnte in Umsetzung kreuzestheologischer Reflexionen eine regelrechte *theosophia crucis* sein, die einerseits in die Mysterien der neutestamentlichen Kreuzesbotschaft[136] kognitiv wie affektiv einzuführen und andererseits deren liberal-theologischen Banalisierungen ebenso entgegenzutreten weiß wie den Selbsterlösungsmodellen okkulter Esoterik-Systeme. Nicht zuletzt wäre im Zeichen solch kirchlich-mystagogischer »Esoterik« neu darüber nachzudenken, ob die immer mehr um sich greifende, von einigen Synoden mitgetragene Begeisterung für das Kinderabendmahl – mit Traubensaft statt mit Wein, versteht sich! – wirklich exegetisch[137] und systematisch- wie praktisch-theologisch verantwortbar ist.

Dass freilich bei diesem mystagogischen Bemühen insgesamt weder okkulte Esoterik noch gesetzliche Strebungen Eingang finden dürfen, darauf hätten die jeweils in Theologie und Kirche Verantwortlichen gleichzeitig mit Sorgfalt zu achten.[138] Sonst könnte es schnell so weit sein, dass »Kirche« selbst aus der Perspektive monistischer Esoterik umdefiniert wird.[139] Christliche Theologie muss auch als mystagogisch reflektierte Geisteswissenschaft Wahrerin des gesunden Menschenverstands bleiben, dessen Kompatibilität mit dem Heiligen Geist Karl Barth[140] mit Recht unterstrichen hat. Volker Schoßwald spottet: »Gerade in der Esoterik scheint zu gelten: solange etwas nicht widerlegt ist, ist es bewiesen. Und wenn

---

gängiger »Esoterik« argumentiert Christian Ottemann: Initiatisches Christentum. Karlfried Graf Dürkheims Lehre vom »initiatischen Weg« als Herausforderung an die evangelische Theologie, Frankfurt a. M. 1990.

136 Die gilt binnenperspektivisch als göttliche Weisheit und nur außenperspektivisch als Torheit! Umso mehr dürfte für ihr Verständnis eine mystagogische Hinführung sinnvoll sein.

137 Man bedenke: Jesus hat, obgleich er in anderem Kontext die Kinder zu sich kommen ließ, das Abendmahl mit dem engsten Kreis seiner erwachsenen (und daher Alkohol – einschließlich seiner auch symbolisch-relevanten Wirkung – durchaus vertragenden) Schüler gefeiert und es ihnen als bedeutungsvolles Gedächtnismahl aufgetragen; folglich geht es nicht um ein »Liebesmahl«, bei dem man sich über strahlende Kinderaugen zu freuen und störende kindische Aktionen tolerant hinzunehmen hätte, sondern um einen heiligen Akt, der weniger eine Beichte als vielmehr eine gewisse glaubensmäßige, initiatorische Reife und Erkenntnis voraussetzt – gewiss nicht im Sinne einer Bringschuld bzw. Leistung, wohl aber als sachliche Bedingung eines würdigen Begehens.

138 Vgl. Josuttis, Esoterik, 117.

139 Vgl. etwa Iwersen, Lexikon, 135.

etwas widerlegt ist, gilt sein Zwillingsbruder immer noch als bewiesen.«[141] Gegenüber finsterem Aberglauben und esoterischer Leichtgläubigkeit gilt es in Theologie und Kirche zur Nüchternheit zu mahnen.[142] Nur auf dieser Grundlage, auf ihr aber sehr wohl ist dann »kirchliche Esoterik« als Mystagogie des Glaubens angesagt. Wie auch sollte sich nachgerade die Wahrheit christlicher Trinitätstheolgie anders vermitteln lassen als im Zuge eines Fortschreitens vom Hören des Wortes zu anfänglichem Glauben und Erkennen hin zu jener Teilhabe am Erforschen der »Tiefen der Gottheit« (1. Kor 2,10), die der Geist des Dreieinen schenkt?

Solche hier angedachte *kirchliche* Esoterik kann allein ein angemessenes Pendant zur sogenannten »christlichen Esoterik« bilden, die ja doch nur ein nichtbiblisches Paradigma in den Christusglauben einzutragen versucht. Trinitätstheologisch fundiert und kirchlich verwurzelt, ermöglicht diese zutiefst und eigentlichst *christliche* Esoterik als authentische Spiritualität, deren Kerngehalt eine fast zweitausendjährige Erfahrungsgeschichte im Rücken hat, eine theonome Überbietung heteronom wie autonom strukturierter Religiosität. Dabei darf sie in ihrer praktischen Durchführung keineswegs als eine rein binnenkirchlich relevante Veranstaltung missverstanden werden; vielmehr gilt es sowohl bei okkulter als auch bei kirchlicher Esoterik jeweils an die »Tragweite der esoterischen Religiosität für die religiöse und gesellschaftliche Praxis«[143] zu denken. Ist doch Innerlichkeit nicht bloß das Gegenteil von Äußerlichkeit, sondern – je nach Qualität – deren Bedingungsfaktor. In diesem Sinne haben Theologie und Kirche die moderne Esoterik keineswegs nur apologetisch abzuwehren, sondern sie daraufhin zu befragen, was sie vielleicht doch hier und da von deren Erfahrungen für sich selbst lernen können: »Prüft alles, und das Gute behaltet!«[144]

140 Vgl. Karl Barth: Kirchliche Dogmatik IV/4, 31.
141 Volker Schoßwald: Der heilige Berthold und die Chancen der Vernunft, in: Korrespondenzblatt 121 (2006), 117–121, hier 120.
142 Hans-Joachim Höhn betont mit Recht: Christliche Religiosität darf keinesfalls selbst als »eine dem Zugriff der Kritik entzogene, d. h. fundamentalistische Lebenseinstellung erscheinen« (Religion und Säkularisierung nach ihrem Ende, in: Evangelische Aspekte 16 [2006], 14–18, hier 17).
144 Ruppert, Esoterische Religiosität, 286.
145 1. Thess 5,21. Dass Theologie von der Esoterik durchaus lernen solle, unterstreicht auch Wolfgang Schoberth: »Wenn irgendwo der Blick geöffnet wird für heilvolle Perspektiven, so ist das nicht vorschnell und ängstlich zurückzuweisen« (Geist, Energie, Person. Überlegungen zur Gotteslehre, in: W. Ritter/B. Wolf: Heilung – Energie – Geist, Göttingen 2005, 247–268, hier 264).

B. Heilungswunder: Magie oder Reich-Gottes-Kraft?

THESE: Christliche Theologie muss neu entdecken, dass das Reich Gottes nicht in Worten, sondern in Kraft steht (1. Kor 4,20); sie hat daher – gerade auch mit Blick auf die Wundergeschichten der Heiligen Schrift – allen Anlass, das Bedürfnis der Esoterik nach ganzheitlicher Heilserfahrung ernstzunehmen.

1. Esoterische und charismatisch-pfingstlerische Herausforderungen

»Die Sehnsucht nach Heilung ist für viele das Tor des Eingangs zu den Angeboten esoterischer Religiosität«, konstatiert Reinhard Hempelmann.[1] Tatsächlich handelt es sich bei der Esoterik um ein gesellschaftlich relevantes Phänomen, dessen Faszinationskraft sich insbesondere auch auf dem Gebiet alternativer Heilungsmethoden beweist. »Ist es nicht bewundernswert, wenn es dank der esoterischen Therapieangebote mehr Heils- und Heilungswege als überhaupt Krankheiten gibt?«[2] Diese ironische Frage stellt Ludger Lütkehaus mit Blick auf das Ausmaß, in dem die esoterische Bewegung (einschließlich ihr korrespondierender Sekten[3]) heutzutage auf das Bedürfnis nach Heilung jenseits der Schulmedizin einzugehen vermag.[4] Namentlich dort, wo medizinische Kunst an ihre Grenzen stößt, wird von kranken Menschen die nicht selten allein verbleibende Hoffnung

---

1   Reinhard Hempelmann: Moderne Esoterik und christlicher Glaube, in: EvTh 65 (2005), 41–57, hier 42.
2   Ludger Lütkehaus: Die Metaphysik der dummen Kerle, in: DIE ZEIT Nr. 28/2000, 47.
3   Hier wäre insbesondere an die *Christian Science* zu erinnern (vgl. John A. Lee: Sectarian Healers and Hypnotherapy, Toronto 1970); selbst die *Scientology-Church* formuliert in ihrem Glaubensbekenntnis, »daß der Geist allein den Körper retten oder heilen kann«. Zum *theologisch* nach wie vor legitimen Sektenbegriff siehe Werner Thiede: Sektierertum – Unkraut unter dem Weizen? Neukirchen-Vluyn 1999, 17–54.
4   Vgl. Harald Wiesendanger: Das große Buch vom geistigen Heilen, Bern u. a. 1995²; D. von Weltzien (Hg.): Das große Praxisbuch der Esoterik, München 1992, bes. 121 ff.

auf ein Wunder hochgehalten.[5] Und so zählen die Klienten Tausender von Geistheilern, die hierzulande seit 1995 im »Dachverband Geistiges Heilen« zusammengeschlossen sind, nach Millionen.[7] TV-Fernheilungsabende großer Fernsehanstalten,[8] die Sensationspresse und nicht zuletzt regelmäßige Kongresse einschlägiger Art mit mehreren Tausend Teilnehmern[9] haben ihren Anteil an diesem esoterischen Trend.

Heilung durch den Geist verheißen im Übrigen auch die pfingstlerisch-charismatischen Bewegungen, die zusammengenommen die größte und am schnellsten wachsende Frömmigkeitsbewegung der Religionsgeschichte überhaupt bilden.[9] Beide Strömungen stehen hierzulande in Konkurrenz zueinander, wobei die esoterische in Europa bislang zahlenmäßig weitaus stärker ist. Jedenfalls strahlen beide mit ihrer Konzentration auf das Wunderbare in die Gemeindewirklichkeit der Großkirchen hinein einige Anziehungskraft aus.[10] So haben der vierten EKD-Erhebung über Kirchenmitgliedschaft zufolge vier Prozent der Christen im Westen und neun Prozent im Osten Erfahrungen mit Geist- bzw. Wunderheilern gemacht.[11] Das wären im Durchschnitt pro Kirchen- oder Pfarrgemeinde

5   Bernhard Wolf unterstreicht: »Laut Umfragen würden sich immerhin 65 % aller Erwachsenen notfalls einem medizinischen Laien mit besonderen Heilkräften anvertrauen, wenn Ärzte nicht mehr weiter wissen« (Geistiges Heilen als Lebenshilfe zwischen Therapie und Spiritualität, in: W. Ritter/B. Wolf [Hg.]: Heilung – Energie – Geist, Göttingen 2005, 126–151, hier 127).

6   Wiesendanger räumt ein, dass nur etwa jeder Zehnte dieser ca. 7000 Heiler eine »echte Therapie« anbietet.

7   Einen regelrechten »Heilungsabend« hat bereits im Herbst 1986 das ZDF veranstaltet (vgl. Werner Thiede: Heilungskraft per ZDF?, in: Korrespondenzblatt des bayerischen Pfarrervereins 102 [1987], 22 f.). Einige Jahre später brachte SAT.1 einen ähnlichen Abend in »Schreinemakers live« (dazu der Artikel »Blinde sehen, Lahme gehen« in: TV Movie 8/1994, 22 f.).

8   Über die Basler Psi-Tage siehe meinen Artikel »Wie Ferien für die Seele. Geistheiler bitten zum Kongress« in: Rheinischer Merkur 51/2004, 29. Vgl. ferner Ralf Müller: Von »Trancechirurgie« bis »Regenbogenschamanismus«. »Earth Oasis« und die »Europäischen Geistheilungstage«, in: Materialdienst der EZW 69 (2006), 414–421.

9   Die »charismatischen Bewegungen« umfassen derzeit bereits über eine halbe Milliarde Christen und wachsen etwa viermal schneller als die Weltbevölkerung. Vgl. Peter Zimmerling: Die charismatischen Bewegungen, Göttingen 2001, bes. 147 ff.

10   Vgl. z. B. Henri Nissen: Ein Gott, der Wunder tut, Lüdenscheid 2004; Werner Thiede: Zur Heiligsprechung von Pater Pio in Rom, in: Evangelische Orientierung 3/2002, 5.

immerhin mehrere Dutzend Mitglieder – eine Zahlenmenge, die manchem »Kerngemeinde«-Bestand entspricht! Ist nicht die »heutige Kirche gleichsam umgeben, ja umlagert von christlicher und nicht-christlicher Glaubensheilung, Geist- und Wunderheilung«[12]?

Christliche Theologie ist dadurch enorm herausgefordert – seien es die exegetischen Fächer, Dogmatik und Ethik oder die praktisch-theologischen Disziplinen. Versteht man namentlich die Dogmatik, nämlich das Fach des grundsätzlichen Nachdenkens über Glaubensfragen, mit Karl Barth, Wilfried Joest und anderen als eine »Funktion der Kirche«[13], so müsste man erwarten dürfen, dass in den Dogmatiken der letzten Jahrzehnte das Problem von Wunderheilungen eingehend erörtert worden sei. Das ist jedoch keineswegs der Fall.[14] Ungeachtet der Tatsache, dass die Systematische Theologie die Unerlässlichkeit erfahrungsbezogenen Redens zunehmend erkannt hat und das Erfordernis zeitgemäßen theologischen Denkens längst außer Frage steht, leistet sie sich bislang aufs Ganze gesehen eine auffällige Distanz gegenüber einem der herausragenden spirituellen Themen unserer Zeit. Und das, obwohl mit Francis MacNutt einzugestehen ist: »Heilung ist keine Randerscheinung des Christentums, sie gehört zu seiner zentralen Botschaft«[15]. So sind in manchen Dogmatiken der beiden letzten Generationen Versuche, Wunderheilungen bzw.[16] »geistige

---

11 Vgl. »Kirche in der Vielfalt der Lebensbezüge«. Die vierte EKD-Erhebung über Kirchenmitgliedschaft«, hg. von W. Huber u. a., Gütersloh 2006, 470. Schon 1997 ergab eine Forsa-Umfrage: Jede(r) vierte Deutsche glaubt an Wunder.

12 Hans-Dieter Reimer: Das christliche »Heilen im Glauben«, in: ders.: Für eine Erneuerung der Kirche, Gießen 1996, 277–289, hier 283. Werner Hoerschelmann schätzt, dass eine Volksbefragung in Europa hinsichtlich der Frage nach der Realität von geistiger Heilung immerhin »bei 50–60 % der Befragten ein zögernd-verschämtes Ja zutage fördern würde.« Und er fügte hinzu: »In den Ländern Asiens und Afrikas, die ich kenne, würden 90 % mit Unverständnis reagieren – Unverständnis darüber, dass man nach einer solchen Selbstverständlichkeit überhaupt fragt« (Glaubensheilungen in den Kirchen der Welt, in: Materialdienst der EZW 50 [1987], 345–354, hier 345 f.).

13 Karl Barth: Die Kirchliche Dogmatik I/1, Zollikon 1932, § 1; Wilfried Joest: Dogmatik, Bd. 1: Die Wirklichkeit Gottes, Göttingen 1984, 19.

14 Entsprechende Kritik an der Universitätstheologie äußern Walter Hollenweger: Charismatisches und pfingstliches Christentum, Göttingen, 1997, 158 und 261) sowie Hoerschelmann (a. a. O., 354).

15 Francis MacNutt: Die Kraft zu heilen. Das fundamentale Buch über Heilen durch Gebet, Graz u. a. 1996, 34.

Heilung« als Phänomene der religiösen Gegenwartskultur näher in den Blick zu nehmen, gänzlich ausgeblieben – etwa in den jeweils dreibändigen Werken von Helmut Thielicke[17], Gerhard Ebeling[18], Friedrich Mildenberger[19] und Wolfhart Pannenberg[20]. Es sind eher Ausnahmefälle, wenn protestantische Dogmatiker in die Richtung einer angemessenen Bearbeitung voranschreiten.[21] Aber auch katholischerseits gilt nach wie vor, was Walter Kasper schon vor über drei Jahrzehnten bemerkt hat: »Eine adäquate Theologie des Wunders, die allen gegenwärtigen Ansprüchen gerecht wird, ist ... noch ein Desiderat.«[22]

In alledem wirkt sich zweifellos das Säkularisierungstheorem aus, das die Theologie des 20. Jahrhunderts in nicht zu unterschätzendem Maß beeinflusst hat. Unter seiner Vorherrschaft bleibt wenig Verständnis für Sehnsüchte nach Zeichen einer »Wiederverzauberung der Welt« oder ihrer

---

16 Zwischen Geistheilung und Wunderheilung wird hier begrifflich nicht unterschieden, weil Erstere gemessen an materialistischer Wirklichkeitsauffassung, der sie sich esoterisch entgegensetzt, allemal als »Wunder« erscheint. Bezeichnend der Titel »Der Geist heilt. Dem Wunder auf der Spur« für das esotera-Spezial-Heft »Essenz« (1999)!

17 Helmut Thielicke erwähnt im 3. Band seiner Dogmatik (Der evangelische Glaube. Theologie des Geistes, 1978, 110 ff.) immerhin die »Heilungsgabe als charismatische Vollmacht des Glaubens«: Sie stehe gegen Gottes »durch Krankheit, Leid und Tod gestörte Schöpfung«, habe Anteil am Heiligen Geist und manifestiere sich auch »als Vollmacht über die Mächte«. Näheres über diese pneumatische »Macht der Vergegenwärtigung« im Blick auf heutiges Heilungshandeln erfährt man aber nicht. Zu Jesus als Wundertäter vgl. den 2. Band dieser Dogmatik (1973), 407 ff.: Hier wird der Faktizitätscharakter der Wirkungen Christi herausgearbeitet, um ihrer Spiritualisierung zu wehren (bes. 418).

18 Gerhard Ebeling: Dogmatik des christlichen Glaubens, 3 Bände, Tübingen 1979: Die kurzen Bemerkungen zur Wunderthematik in Bd. 1, 332, sowie in Bd. 2, 462–464, gehen auf die Probleme von Heilungswundern in der religiösen Gegenwartskultur nicht ein.

19 Vgl. Friedrich Mildenberger: Biblische Dogmatik, 3 Bände, Stuttgart u. a. 1991–93: Es finden sich allenfalls sporadische Bemerkungen zur Wunderthematik.

20 Wolfhart Pannenbergs »Systematische Theologie« (Göttingen 1988–1993) geht auf die Frage der Wunderheilung in unserer religiösen Gegenwartskultur nicht ein.

21 Bezeichnend: In der Bearbeitung des Artikels »Wunder« im EKL[3] (1996) fehlt zwischen den Abschnitten »Neues Testament« und »Praktisch-theologisch« schlicht die systematisch-theologische Auskunft. Auch das TRT (1983) bietet im 5. Band lediglich einen Artikel »Wundergeschichten«. Erst die RGG[4] enthält 2005 innerhalb des Artikels »Wunder« einen religionsphilosophischen, einen fundamentaltheologischen und einen dogmatischen Abschnitt.

22 Walter Kasper: Jesus der Christus, Mainz 1974, 111.

zu erhoffenden Verwandlung ins »Reich Gottes«. Freilich hat die universitäre Theologie nicht die Aufgabe, spiritualistische Wünsche dieser oder jener Art kognitiv zu bedienen. Sie kommt – zumal im Protestantismus – her von einer altehrwürdigen Tradition, gegenüber allem Enthusiastischen auf Distanz zu bleiben. Im Blick auf verdächtig Schwärmerisches pflegt man daher Vorbehalte, die allerdings dem säkularen Zeitgeist kongenial entsprechen. Törichter Wundersucht setzt man mit Paulus kreuzestheologische Weisheit entgegen. Doch vergisst man darüber nicht, dass das Wort vom Kreuz implizit auch vom gekreuzigten Wundertäter handelt? Und dass selbst Paulus ein charismatischer Wundertäter war?[23] Kreuzesund Wundertheologie schließen einander bei genauerer Betrachtung keineswegs aus, sondern ebenso ein wie das Kreuz und die Auferstehung. Ärgernis erregt hat nicht erst das Wort vom Kreuz, sondern schon zuvor der Blinde und Lahme Heilende! Einst bildeten seine Wundertaten Protestzeichen gegenüber *religiöser*, heteronomer Gesetzlichkeit; in unserer modernen Gesellschaft stellen Heilungswunder die *naturwissenschaftliche* Gesetzlichkeit als alleingültigen Wirklichkeitsmaßstab in Frage.

Dass in kreuzestheologischem Licht Versuche einer magisch-gloriosen Methodisierung des Heilens obsolet sind, versteht sich nach wie vor von selbst. Aber ebenso verbietet sich im Licht dessen, der im Sinne von Jesaja 53 unsere Krankheiten trug, jede theologische Methodisierung eines theoretischen oder zumindest praktischen Ausschlusses der Möglichkeit von Heilungswundern. Unter diesem Aspekt werde ich im Folgenden die Ausführungen der wichtigsten deutschsprachigen Dogmatiken aus dem letzten halben Jahrhundert[24] sichten, also aus jenem Zeitraum, in dem die esoterischen und charismatischen Heilungsbewegungen hierzulande große Aufbrüche zu verzeichnen haben. Dabei werde ich die verschiedenen Positionen den drei Artikeln des christlichen Credos zuzuordnen versuchen.

---

23 Paulus, der erste Kreuzestheologe, hat seine Identität als Wundercharismatiker unterstreichen können: »Es sind ja eines Apostels Zeichen unter euch geschehen in aller Geduld mit Zeichen und mit Wundern und mit Taten« (2. Kor 12,12; vgl. ferner Apg 19,11 f.). Insgesamt siehe Stefan Schreiber: Paulus als Wundertäter, Berlin–New York 1996; Stefan Alkier: Wunder und Wirklichkeit in den Briefen des Apostels Paulus, Tübingen 2001.

24 Über die ersten drei Jahrzehnte des 20. Jahrhunderts informiert aus katholischer Sicht P. Generosus Marquardt: Das Wunderproblem in der deutschen protestantischen Theologie der Gegenwart, München 1933.

2. Schöpfungstheologische Interpretationen von Heilungswundern

Die meisten der Theologinnen und Theologen, die dem schwierigen Thema nicht ganz ausweichen, pflegen es im Horizont des ersten Glaubensartikels zu verorten, also dort, wo von Gott dem Schöpfer als dem Allmächtigen gesprochen wird. Dabei trifft man in unseren Zeiten auf zwei Varianten schöpfungstheologischer Wunderbegriffe, denen beiden am Ausschluss eines Konflikts zwischen Glaube und Naturwissenschaft gelegen ist. Die eine Variante nenne ich im Sinne cartesischer Denktradition die *dualistische,* die andere die *monistische* bzw. *non-dualistische.*

Das *dualistische* Modell der Deutung von Wunderheilungen basiert auf der kategorischen Unterscheidung von geistiger und materieller Wirklichkeit, von *res cogitans* und *res extensae.* Diese cartesische Prämisse lässt die Erwartung als abwegig erscheinen, dass Wunder die Eigengesetzlichkeit der Naturwelt außer Kraft setzen.[25] Das gilt entsprechend auch bei Spinoza, der die *res extensae* und die *res cogitans* pantheistisch zusammenbindet.[26] Über die Romantik ist dessen Perspektive bei Schleierma-

---

25 Rudolf Bultmann betont, »daß derjenige den Wunderglauben Jesu gänzlich verfehlt, der sich ... göttliche Kausalität nach Analogie der naturgesetzlichen vorstellen würde und über die Gesetze einer übersinnlichen Wirklichkeit ... spekulieren würde« (Jesus, Gütersloh 1967³, 119 f.). Erinnert sei auch an sein berühmtes Diktum von 1941, man könne nicht »in Krankheitsfällen moderne medizinische und klinische Mittel in Anspruch nehmen und gleichzeitig an die Geister- und Wunderwelt des Neuen Testaments glauben« – die Wunder des Neuen Testaments seien erledigt, »und wer ihre Historizität durch Rekurs auf Nervenstörungen, auf hypnotische Einflüsse, auf Suggestion u. dgl. retten will, der bestätigt das nur« (Neues Testament und Mythologie, in: Kerygma und Mythos 1 [1954], 15–48, hier 17 f.). Was würde Bultmann wohl dazu sagen, dass zu Beginn des 21. Jahrhunderts gerade die wachsenden Stränge des weltweiten Christentums sehr wohl den neutestamentlichen Wunderglauben in seinen Grundzügen zu teilen bereit sind? Ja dass die Prämisse seines Naturwissenschaftsbegriffs schon zu seiner Zeit als überholt anzusehen war (Pascual Jordan: Schöpfung und Geheimnis, Oldenburg–Hamburg 1970, 157 f.; Johannes Mischo: Parapsychologie und Wunder, Teil I: Das Phänomen aus der Sicht der Theologie und der Parapsychologie, in: ZPGP 12 [1970], 73–88, bes. 86)? Zu Bultmanns Wunderverständnis vgl. Hans Schwarz: Das Verständnis des Wunders bei Heim und Bultmann, Stuttgart 1966, bes. 138 ff.; Louis Monden: Theologie des Wunders, Freiburg i. Br. 1961, 312 ff.; Ernst und Marie-Luise Keller: Der Streit um die Wunder, Gütersloh 1968, 142 ff.

26 Dazu Monden, a. a. O., 49. Näheres zu Spinozas Haltung zur Wunderfrage bei Keller, a. a. O., 34 ff.; Eugen Drewermann: Tiefenpsychologie und Exegese, Bd. 2, Olten 1985, 46 ff.; Wolfhart Pannenberg: Systematische Theologie, Bd. 2, Göttingen 1991, 61.

cher[27] wirksam geworden und hat von da aus die moderne Theologie beeinflusst. Noch Wolfgang Trillhaas macht sich in seiner Dogmatik das Argument Schleiermachers zu eigen,»Wunder« im Sinne einer Änderung des vorgesehenen Naturlaufs würden eine Unvollkommenheit der Welt und damit eine Infragestellung der Allmacht ihres Schöpfers bedeuten.[28] Das speziellere Problem von Heilungswundern taucht in diesem Kontext gar nicht auf. Trillhaas meint pauschal sagen zu können:»In unserer eigenen Erfahrungswelt kommen tatsächlich keine Wunder mehr vor.«[29]

Damit ignoriert er freilich völlig die zu seiner Zeit bereits zunehmenden Vorgänge in den esoterischen und charismatisch-pfingstlichen Bewegungen. Gewiss ist theologisch und psychologisch eine gesunde Skepsis gegenüber Scharlatanen einerseits und naiver Wundersucht andererseits angebracht.[30] Aber ebenso verdient eine pauschale Bestreitung von Heilungswundern als Tribut an den säkularen Zeitgeist Kritik, wie sie beispielsweise Adolf Köberle[31] geübt hat. Der weltweit anerkannte Krebsforscher und Nürnberger Medizinprofessor Walter Gallmeier gibt zu bedenken:»Wer nicht an Wunder glaubt, der ist kein Realist. ... Wer nicht wahrnimmt, was jeder sehen kann, gibt damit seinen Anspruch als Wissenschaftler auf, weil er an der Realität vorbeischaut.«[32] Zu solch notwendi-

---

27 Vgl. Friedrich Daniel Ernst Schleiermacher: Über die Religion. Reden an die Gebildeten unter ihren Verächtern (1799), hg. von R. Otto, 1991[7], bes. 90 (zu Schleiermachers Wunderlehre vgl. Bernhard Bron: Das Wunder von Göttingen, 1979[2], 65 ff.).

28 Vgl. Wolfgang Trillhaas: Dogmatik, Berlin–New York 1972[3], 167. Ähnlich auch schon Reinhold Seeberg: Christliche Dogmatik, Bd. 1, Erlangen–Leipzig 1924, 360; Bultmann: Jesus, 120. Für die hier vorliegende Grundeinstellung gilt, was Helmut Thielicke mit Blick auf Schleiermacher kritisiert: Sie erstreben »deutlich die sturmfreie Zone« (Glauben und Denken in der Neuzeit, Tübingen 1983, 229).

29 A. a. O., 167. Ähnlich verweist noch die »Glaubenslehre« von Dietz Lange Wunder ins Reich der Legende, sofern sie gegen die Naturgesetze verstoßen (Glaubenslehre, Bd. 1, Tübingen 2001, 398). Hingegen betont MacNutt:»Weil wir heute wieder Wunderheilungen erleben, fällt es uns nicht mehr so schwer, uns die Heilungen Jesu lebendig vorzustellen« (a. a. O., 21 und 34).

30 Verstandeskritik muss ebenso sein (vgl. Theo Löbsack: Wunder, Wahn und Wirklichkeit, München 1976; Josef Hanauer: Wunder oder Wundersucht? Aachen 1991) wie theologisch begründetes Warnen »vor der heillosen Falschmünzerei« (Walter Künneth: Wunderheilung und Glaube, in: G. Siegel [Hg.]: Der Mensch von heute, Stuttgart 1950, 78–98, bes. 87). Oft sind sensitiv Begabte zugleich Trickäter (vgl. Lutz Müller: Para, Psi und Pseudo, Berlin 1980), weil ihr »Charisma« eben nicht so verlässlich »funktioniert«, wie sie es für ihre Auftritte nötig hätten – man denke z. B. an Uri Geller.

31 Vgl. Adolf Köberle: Universalismus der christlichen Botschaft, Moers 1983, 150.

32 Walter M. Gallmeier im Vorwort zu: Caryle Hirshberg/Marc Ian Barasch: Unerwarte-

ger Wirklichkeitswahrnehmung gehört neben der Realisierung des Wunderbaren die des Ausmaßes an Leiden unter der Herrschaft von Krankheit und Tod, durch das die theologische Behauptung einer schöpfungsmäßigen Vollkommenheit der Welt als Zynismus erscheinen muss. Mit Recht weist Urban Forell in einer sprachanalytischen Untersuchung zum Thema darauf hin, dass schon der vorhandene Begriff des Wunders selbst die Annahme verwehrt, die Welt als Ganze sei unmittelbar gottgewirkt und insofern durchgängig ein Wunder.[33]

Aber auch wo diese romantizistische Weltsicht nicht geteilt wird, wo vielmehr unter dem theologischen Einfluss neutestamentlichen Welt- und Menschenverständnisses die Entfremdungsstrukturen der Wirklichkeit ernster genommen werden, hat sich cartesischer Dualismus halten können, und zwar auf dem Weg über die kantianische Unterscheidung von »Ding an sich« und Erscheinungs- bzw. Vorstellungswelt. Ein rationalistisches Wunderverständnis – anzutreffen bereits bei dem holländischen Theologen Balthasar Bekker (1634–1694), der in seiner Aufklärungsschrift »Die bezauberte Welt« (1690) das Übernatürliche der biblischen Wunder bestritt – führt von daher im 20. Jahrhundert in der liberalen Theologie sowie in der Religionsgeschichtlichen Schule meist zu Absagen an jegliches Rechnen mit supranaturalistischen »Wunder«-Ereignissen. Das Resultat ist am Ende dasselbe: Neben radikaler Entzauberung, wie sie Gerald Messadié in seinem Erfolgsroman »Ein Mensch namens Jesus« (1989) erneuert hat, kommt nurmehr symbolisch-existentielles Deuten von Wunderheilungen zum Zuge. Eine Blindenheilung ist Jesus nach Messadiés rationalistischer Erklärung deshalb gelungen, weil lediglich eine verklebte Bindehautentzündung vorgelegen hatte. Und der symbolisch-existentielle Aspekt besagt dann in etwa, dass dem Geheilten die Augen aufgegangen seien hinsichtlich der Barmherzigkeit Gottes. Exemplarisch führt das der katholische Systematiker Josef Imbach in seinem Buch über »Wunder« vor: Jesus habe mit seinen Wundertaten die Menschen bloß daran erinnern wollen,

---

te Genesung, München 1995. In einem Interview zum Titelbeitrag »Warum wir noch an Wunder glauben« in FOCUS 23/1995 erklärte Gallmeier: »Wunderheilungen sind keine Glaubensfragen; sie müssen komplett dokumentiert werden« (164).

33 Vgl. Urban Forell: Wunderbegriffe und logische Analyse, Göttingen 1967, 155.159 und 162. Forell verkennt allerdings die Logik der Zusammengehörigkeit von Schöpferglaube und dem Rechnen mit einer Selbstzurücknahme des Schöpfers (dazu Werner Thiede: Der gekreuzigte Sinn, Gütersloh 2007, Teil B).

»daß sie ihre Augen öffnen sollen, damit sie Gottes wunderbares Wirken überall erkennen können, also auch da, wo ihre oft kurzlebigen Wünsche und Sehnsüchte unerfüllt bleiben.«[34] Zwar kommt in solcher Interpretation zweifellos ein wichtiger Grundaspekt der Wundertätigkeit Jesu und sodann ihrer Traditionsgeschichte zum Tragen. Aber der Rückgriff auf die metaphorisch-symbolische Dimension darf nicht zum exklusiven Interpretationsprinzip werden; sonst resultiert daraus zwangsläufig eine reduktionistische Spiritualisierung[35] oder Ethisierung[36] von Wunderheilungen.

Mögliche Hinweise auf den realen Erfahrungskern mancher Wundererzählungen versuchen Vertreter der symbolistischen Deutung rundweg mit psychosomatischen Suggestions- oder Placebo-Effekten zu erklären.[37] Mit dieser fragwürdigen[38] Argumentation aber blenden sie die Dimension des Unverfügbaren aus und reduzieren das Wunderbare des Göttlichen auf die Innerlichkeit der Heilserfahrung mit dem Wort. Doch nach Paulus, der ja ausgesprochener Worttheologe war, steht das Reich Gottes »nicht in Worten, sondern in Kraft«[39]. Das heißt, es besteht nicht nur in weisen Deutungen

---

34 Josef Imbach: Wunder. Eine existentielle Auslegung, Würzburg 1995, 61 f.

35 Vgl. Bron, a. a. O., 13. Im Extrem begegnet dies bei Horst Lütten: Nach seiner strikt allegorischen Deutung sind sämtliche Wundergeschichten des Neuen Testaments rundweg ungeschichtlich und nie in irgendeiner Weise passiert (Wie wurde Wasser zu Wein? Stuttgart 2000).

36 Eine Ethisierung ist insofern nicht ganz abwegig, als »der freie sittliche Gehorsam nur im Wunder seinen Ursprung haben kann« (Rudolf Bultmann: Theologie des Neuen Testaments, Tübingen 1980[8], 339). Doch eine *bloße* Ethisierung (wie man sie z. B. antrifft bei Louis Evely: Was seid ihr ängstlich, ihr Kleingläubigen? Evangelium ohne Mythos, Graz 1970, aber auch bei Michael Welker: Gottes Geist, Neukirchen-Vluyn 1993[2], 185 ff.) verbietet sich.

37 So bereits David Friedrich Strauss: Das Leben Jesu für das deutsche Volk bearbeitet, Bd. 2, Stuttgart 1864, 55. Dagegen Johannes Kreyher: Die mystischen Erscheinungen des Seelenlebens und die biblischen Wunder, Stuttgart 1880. Lesenswerte Analysen bietet Karl Guido Rey: Gotteserlebnisse im Schnellverfahren, München 1985.

38 Dass das Placebo-Argument kaum überzeugt, verdeutlichen mehrere Studien, z. B. Martina Lenzen-Schulte: Seelenschmerz macht keinen Krebs, in: FAZ Nr. 126 (2.6. 2004), N 1; Harald Walach: Heilen durch »Energien«, in: W. Ritter/B. Wolf (Hg.): Heilung – Energie – Geist, Göttingen 2005, 80–105, bes. 90.

39 1. Kor 4,20. »Spielt sich Paulus nun doch als geistlicher Kraftmensch auf?«, fragt Hans Conzelmann, um mit kreuzestheologischem Recht auf 1. Kor 2,3–5 hinzuweisen, wonach die von Paulus gemeinte Kraft sich in der Schwachheit erweist (Der erste Brief an die Korinther, Göttingen 1969, 113). Die neueren Kommentare sind sich

und Botschaften geistiger Art, sondern auch in energetischen Effekten,[40] die das Leibliche als Teil des Geschöpflichen einbeziehen. Eine rein symbolistische »Wunder«-Theologie ist weder durch das Wirklichkeitsverständnis Jesu und seiner Apostel gedeckt noch durch das der modernen Naturwissenschaft.[41] Denn die Vorstellung eines durchgängig determinierten Naturzusammenhangs, theologisch gewendet: der etwa von Schleiermacher vorausgesetzte Gedanke, dass es nichts geben könne, was nicht von Gott geordnet sei, ist infolge der Heisenbergschen Unschärferelation und der Chaosforschung mittlerweile obsolet geworden. Die Prämissen für den »aufgeklärten« Ausschluss des Heilungswunders aus der modernen Theologie gelten insofern nicht mehr. Umso dezidierter ist Stephen Parsons beizupflichten: »Mit einer Theologie, die die Wirklichkeit christlicher Heilung nicht einordnen kann, ist etwas grundsätzlich verkehrt.«[42]

Die Schwäche des dualistischen Modells versucht nun das *monistische* bzw. *non-dualistische* Modell zu überwinden, indem es die schöpfungstheologische Interpretation von Heilungswundern auf der Basis eines subtileren, holistischen[43] Wirklichkeitsverständnisses vertritt. Die Welt wird hier unter Bezug auf die quantentheoretische Naturgesetzlichkeit im subatomaren Bereich als offenes System[44] aufgefasst, innerhalb dessen Wunder eben nicht cartesianisch aus-, sondern sogar bis hinein ins Makroskopische[45] potentiell

---

durchweg einig, dass Paulus in 1. Kor 4,20 nicht auf Wunder anspielt, sondern auf die Kraft des Geistes *im* Wort. Diese Deutung aber gibt der Text gerade nicht her – sie verdankt sich dem Wunsch, kognitive Dissonanzen zur säkularen Welt zu beseitigen.

40   Vgl. Wolfgang Reinbold: Christentum und Esoterik aus neutestamentlicher Perspektive, in: DtPfrBl 102 (2002), 383–386; ferner Manfred Josuttis: Segenskräfte, Gütersloh 2000.

41   Hollenweger protestiert mit Recht: »Es ist meines Erachtens einfach unwissenschaftlich zu behaupten, dass es außerhalb meiner Plausibilitätsstruktur nichts geben kann« (a. a. O., 265; vgl. auch 266 f.).

42   Stephen Parsons: The Challenge of Christian Healing, London 1986, 151.

43   Vgl. Wolf, a. a. O., 133 f.

44   Vgl. Hans-Peter Dürr: Wissenschaft und Wirklichkeit, in: ders./W. Ch. Zimmerli (Hg.): Geist und Natur, Bern u. a. 1989, 28–46, bes. 35, 38 und 45. Der Physiker Bernhard Philbert erklärt: »Die Quantenphysik ist ... eine Physik der plötzlichen, unvermittelten Reaktionen ... In der Quantenphysik ist primär das energetische Geschehen und dessen Wirkungen, wogegen Raum und Zeit gleichsam erst sekundär als Zuordnungsgeschehen für dieses Geschehen in Erscheinung treten« (Der Dreieine, Stein am Rhein 1976[4], 440 f.).

45   Siehe Walter von Lucadou: Makroskopische Nichtlokalität, in: K. W. Kratky (Hg.): Systemische Perspektiven, Heidelberg 1991, 45–63; Walach, a. a. O., 99–105.

eingeschlossen sind. Würde doch die überkommene Vorstellung einer »Durchbrechung des Naturgesetzes« – mit dem Quantenphysiker Pascual Jordan formuliert – »das Einrennen einer nicht nur offenen, sondern gar nicht vorhandenen Tür« bedeuten![46] Die von daher nach Jordan zu fordernde »grundsätzliche ›Toleranz‹ gegenüber der Möglichkeit des Wunders« beruht weniger auf quantentheoretischen Wahrscheinlichkeitsbestimmungen, deren statistische Natur für sich genommen doch nur geringste Spielräume eröffnet,[47] als vielmehr auf dem ontologisch relevanten Einbezug von Bewusstsein, also Geist bzw. Geistern in die physikalisch anvisierte Weltwirklichkeit. Nach Carl Friedrich von Weizsäcker erlaubt die Quantentheorie einen »spirituellen Monismus«, der Raum, Materie und Kräfte als Erscheinungsweisen von Information denken lässt.[48] Hans-Peter Dürr kann entsprechend formulieren, Materie sei überhaupt als »geronnener Geist« aufzufassen.[49] Auf dieser Basis erscheinen Überlegungen als nicht abwegig, dass mit dem Energiefluss, wie er oft bei Heilungswundern beschrieben worden ist und auch schon experimentell gemessen worden sein soll, subtil Information an Körperzellen fließt.[50] Was sich nicht in jedem Fall als rein psychosomatischer Suggestiv-Effekt plausibel machen lässt, nämlich insbesondere die fast augenblickliche Schnelligkeit mancher Heilung,[51] steht in keinem krassem Widerspruch mehr zu einem

---

46 Vgl. Jordan, a. a. O., 155; ferner Georg Siegmund: Wunderheilung und Natur, in: StZ 148 (1950/51), 410–419, bes. 411.

47 Vgl. Jordan, a. a. O., 156. Das wunderkritische Argument von Dietz Lange, Quantenmechanik und Chaostheorie würden die Gesetze der klassischen Physik mitnichten außer Kraft setzen (a. a. O., 398), sticht kaum angesichts der neueren quantenphysikalischen Diskussion, von theologischen Grundsatzüberlegungen abgesehen.

48 Vgl. Carl Friedrich von Weizsäcker: Zeit und Wissen, München–Wien 1992, 345 und 357 f. Mit Recht konstatiert Künneth bereits 1950: »Heute kann kein grundsätzliches Nein im Namen der Wissenschaft gegenüber der Möglichkeit von ›Wunderheilungen‹ gesprochen werden« (a. a. O., 81); schöpfungstheologisch gelte: »Alles Naturgeschehen ist immer zugleich eine *creatio continua.* Alle Energien des Kosmos sind wie weicher Ton in der Hand Gottes, ohne seinen Willen würde kein einziges Elektron strahlen und schwingen« (88).

49 Hans-Peter Dürr: Materie ist geronnener Geist. Interview in: LM 35 (1996), 8–13, hier 8. »Natur ist praktisch per se mit dem Geistigen versehen« (12).

50 Vgl. Hirshberg/Barasch, a. a. O., 166; Ute York: Die Botschaft der Wunder. Wenn der Glaube Berge versetzt, München 1997, 167.

51 Vgl. z. B. Siegmund, a. a. O., 416. Auch sprechen kontrollierte Doppelblindstudien gegen eine Reduktion aller Wunderheilungsphänomene auf Suggestion (vgl. York, a. a. O., 286 f.).

monistischen Natur- und Wirklichkeitsverständnis, das – ohne unbedingt religiös sein zu müssen – für geistige Wirkungen aufgeschlossen ist.

Esoterik profitiert von dieser Umwälzung der naturwissenschaftlichen Weltsicht, der zufolge man – wie Werner Heisenberg erläutert – nicht mehr von einer »Natur an sich« sprechen kann und »wir nicht nur Zuschauer, sondern stets auch Mitspielende im Schauspiel des Lebens sind«[52]. Sie profitiert von dem Umstand, dass gerade das moderne naturwissenschaftliche Weltverständnis es »unmöglich macht, Glaubensbekenntnisse, die für die Haltung im Leben verbindlich sein sollen, allein auf wissenschaftliche Erkenntnis zu begründen«[53]. Daher sieht sie sich legitimiert, wie in alten Zeiten wieder auf eine metaphysische Ontologie zu bauen, nämlich auf einen ausgesprochenen oder unausgesprochenen »spirituellen Monismus«, von dem ja auch Naturwissenschaftler heute sprechen. Esoterik ist aufgeklärt genug, zu wissen oder korrekt zu ahnen, dass »die jüngsten Entdeckungen der neuen Physik die Sphäre der metaphysischen Intuition berühren«[54]. Man muss freilich sehen, dass die Quantenmechanik eine statistische Theorie ist, die per se nicht einfach zur pauschalen Legitimierung einer esoterischen Wirklichkeitsauffassung herangezogen werden kann.[55] Und doch ist jedenfalls das Umgekehrte illegitim geworden: Eine esoterische Weltdeutung kann nicht mehr pauschal als irrational abgewiesen werden. Christliche Theologie muss sich dem stellen, und zwar auch gerade, wenn es um die Frage des Heilungswunders geht.

Und sie tat es auch schon ein Stück weit dort, wo sie auf religionsphilosophischem Hintergrund einem spirituellen Monismus auf Grund innerer Nähe zur neuplatonischen Metaphysik nahestand. So hat Paul Tillich erklärt, dass Wunder als Zeichen der Gegenwart göttlicher Kräfte in Natur und Geschichte »keinesfalls im Widerspruch zu den Naturgesetzen stehen«[56]. In seiner »Systematischen Theologie« kennzeichnen Wunder die Offenbarungssituation, in der die »Erkenntnis des Mysteriums des Seins«

52 Werner Heisenberg: Schritte über Grenzen, München 1971, 115.
53 Heisenberg, a. a. O., 125.
54 Jean Guitto/Grichka und Igor Bogdanov: Gott und die Wissenschaft (1993), München 1996, 15.
55 Vgl. Martin Lambeck: Esoterik und Physik (EZW-Text Nr. 141), Berlin 1998.
56 Paul Tillich: Die neue Wirklichkeit, München 1962, 106. Zu Tillichs Wunderverständnis siehe Bron, a. a. O., 173 ff.; Ulrich Mann: Das Wunderbare, Gütersloh 1979, 69 f.

im Einklang mit natürlichem und wissenschaftlichem Erkennen empfangen wird.[57] An neutestamentlichen Wundergeschichten kritisiert Tillich dennoch, dass sie mitunter Glaubensaussagen rationalisierend auf das Niveau naturwissenschaftlicher Absurditäten herabdrückten.[58] Ihm kommt es auf die heilende Macht des »Neuen Seins« an, das zerstörerischen Tendenzen und Strukturen Einhalt gebiete. Immerhin schließt so verstandenes Heilen ausdrücklich die Leiblichkeit des Menschen ein.[59] Gleichwohl unterstreicht Tillich, dass außerordentliches Wirken des Geistes nicht wie andere endliche Ursachen betrachtet und insofern mirakulös aufgefasst werden dürfe; daher seien viele Wundergeschichten nicht wörtlich zu nehmen.[60] Solche Absage an jegliche Idee »supranaturalistischen« Eingreifens beruht auf einem schöpfungstheologischen Monismus,[61] mit dem sich für Tillich die Negation der »Idee eines göttlichen Zieles« verbindet.[62] Sein dementsprechend uminterpretiertes Reich-Gottes-Verständnis führt stringent zu einer non-dualistischen Deutung des Wunderheilungsphänomens: Da sich für ihn Schöpfung und Vollendung »immerwährend« ereignen,[63] realisiert sich das »Neue Sein« immer wieder »in Seele und Geschichte, in Natur und Universum«[64]. Dass »Heilkräfte in der Natur ruhen«[65], ist nach Tillich eine altbekannte Erkenntnis, wie sie in der Tat vor allem die Esoterik pflegt. Indem eben solch alte, esoterisch transportierte Weisheit letztlich mit dem koinzidiert, was laut Tillich in Christus als heilende Kraft der angeblich »Neuen Wirklichkeit« offenbart wird, verblasst freilich der Geist des Neuen, nämlich der radikalen neutestamentlichen Zukunftshoffnung nicht zufällig bei demselben Theologen.

57 Vgl. Paul Tillich: Systematische Theologie, Bd. 1, Stuttgart 1977[5], 154 f.
58 Vgl. Paul Tillich: Systematische Theologie, Bd. 2, Stuttgart 1979[6], 138.
59 Vgl. P. Tillich: Systematische Theologie, Bd. 3, Stuttgart 1978[2], 138.273 und 317.
60 A. a. O., 316. Ähnlich katholischerseits Béla Weissmahr: Gottes Wirken in der Welt, Frankfurt a. M. 1973, 187: »Alles, was sich in der Welt ereignet, muß auf innerweltliche ... Kräfte zurückgeführt werden können.«
61 So die konkrete Aussage bei Oswald Bayer: Theologie, Gütersloh 1994, 228.
62 Vgl. Paul Tillich: Der Mut zum Sein (1953), Hamburg 1965, 180 f.
63 Tillich, Systematische Theologie, Bd. 3, 474.
64 Tillich, Wirklichkeit, 95.
65 Tillich, a. a. O., 101. Vgl. Karin Grau: »Healing Power« – Ansätze zu einer Theologie der Heilung im Werk Paul Tillichs, Münster 2000.

Der katholische Dogmatiker Eugen Drewermann vertritt seinerseits ein monistisches Verständnis von Heilungswundern. Er lehrt »die Einbeziehung des ganzen Kosmos in die Verwandtschaft und Einheit von allem, was lebt«, um von daher die »Gleichheit des religiösen Ursprungs in *allen* Wunderheilungen, gleich ob innerhalb oder außerhalb der Bibel«, zu postulieren.[66] Für die Interpretation auch und gerade christlicher Heilungswunder zieht er ungeniert den Schamanismus heran,[67] der ihn wiederum von der Historizität sogar der sogenannten Naturwunder Jesu überzeugt sein lässt. Auf dieser Basis kehrt er den traditionalen Aspekt einer Durchbrechung der Naturgesetze im Wunder regelrecht um: »Die schamanistische Heilung setzt keine Naturordnung außer Kraft, sondern sie beruht im Gegenteil gerade darauf, so intensiv wie nur möglich ein Gefühl der Verbundenheit und der Einheit mit der gesamten Wirklichkeit zu vermitteln. ... Weit entfernt davon, eine Ordnung zu stören, beschwört die schamanistische Heilung deshalb mit allen Kräften die Erfahrung einer universellen Harmonie.«[68] Hier wird erneut deutlich, wie spiritualistischer Monismus jede futurisch-eschatologische Hoffnung überflüssig werden lässt. Der Sinn der Heilungswunder bei Jesus und in der Kirche wird rigoros ins Konzept einer panreligiösen Einheitsschau eingeebnet.[69]

---

66 Drewermann, a. a. O., 126 f. Kein Wunder, dass Drewermann »die Wundererzählungen der Bibel« oft (z. B. 122) summarisch, d. h. undifferenziert in den Blick nimmt – als gäbe es hier nicht große Unterschiede (man denke etwa an die alttestamentlichen Strafwunder, wie Jesus sie bekanntlich ablehnt)!

67 Vgl. a. a. O., 123 u. ö. Mit Recht betont hingegen Reimer: »Es gibt kein christliches Schamanentum ...« (Erneuerung der Kirche, a. a. O., 285). Zur uralten und heute fortgesetzten Heiltradition des Schamanismus vgl. z. B. G. Doore (Hg.): Opfer und Ekstase, Freiburg i. Br. 1989, bes. 125–250; Chr. Stecher (Hg.): Die Weisheit der Schamanen, Hamburg 2003; Kocku von Stuckrad: Schamanismus und Esoterik, Leuven 2003. Wenn Letzterer betont, dass schamanistisches Heilen durch die Auslieferung an die Kräfte des Kosmos klar zu unterscheiden sei von esoterischen Therapiemodellen spiritueller Selbstheilung, so darf doch nicht übersehen werden, dass beides in einem spirituellen Monismus wurzelt und in der Esoterik-Szene anzutreffen ist.

68 Drewermann, a. a. O., 115. Das Wunder der Wunderheilung »liegt nicht in der Durchbrechung der Naturordnung, sondern in deren Wiederherstellung ...« (116). Es gehe um das Bewusstwerden »der universellen Güte aller Dinge« (ebd.; vgl. auch 125). Welch ein Zynismus gegenüber den nach Heilung lechzenden Leidenden – Die Wunderdeutung in Drewermanns Jesus-Buch ist vor allem psychotherapeutischer Art (Jesus von Nazareth, Zürich–Düsseldorf 1996, 270 ff.).

69 Drewermann, a. a. O., 125 f.

Drewermanns Sichtweise findet ein Stück weit Unterstützung durch den Neutestamentler Bernd Kollmann. In seiner bahnbrechenden Habilitationsschrift »Jesus und die Christen als Wundertäter« von 1996 analysiert er erstmals sämtliche Wunderstoffe der Jesusüberlieferung zentral unter historischem Aspekt, also jenseits der bisher vorherrschenden wunderkritischen Haltung. Den Preis für dieses Unternehmen zahlt er mit der gewagten Schlussthese, dass es sich bei Jesus und den urchristlichen »Wundertätern im Prinzip um Magier oder Schamanen« gehandelt habe und dass »Magie« ein ursprünglich wichtiges »Wesensmerkmal der Kirche« gewesen sei.[70] Damit lässt der Exeget freilich differenzierende Zwischenergebnisse seiner Untersuchung am Ende rigoros hinter sich, so dass er dem Phänomen der endzeitlichen Deutung der Wunder im Neuen Testament nicht hinreichend gerecht wird. Gerd Theißen weiß hingegen zu unterstreichen: »Als apokalyptischer Wundercharismatiker steht Jesus singulär in der Religionsgeschichte.«[71] Ungeachtet dessen geht er wie Kollmann von einer non-dualistischen Wunderdeutung aus: »Wundercharisma ist eine spontan auftretende Macht, die in der Schöpfung vorhanden ist. Sie lässt sich nicht technisch ausnutzen, da sie nicht berechenbar auftritt, sondern an charismatische Personen und deren Interaktion mit anderen Menschen gebunden ist. Ihr liegen auch keine noch unerkannten Naturgesetze zugrunde, vielmehr scheint hier ein ›Spielraum‹ der Natur sich zu öffnen, der nicht durch Naturgesetze im üblichen Sinn determiniert wird. Solches Wundercharisma findet sich bei vielen Menschen.«[72]

---

70 Bernd Kollmann: Jesus und die Christen als Wundertäter, Göttingen 1996, 377 f. (vgl. 313 f.). Paradoxerweise weiß der Autor zu betonen: Kritik »am magischen Element christlichen Glaubens ist mit unterschiedlicher Akzentuierung und mit differierenden Lösungen schon im Neuen Testament bei Paulus und den Evangelisten angelegt« (379).

71 Gerd Theißen: Urchristliche Wundergeschichten, Gütersloh 1974, 274. Außerdem widersetzt sich Theißen der verbreiteten Beteuerung, »urchristlicher Wunderglaube stelle im Rahmen der damaligen Zeit nichts Ungewöhnliches dar« (272).

72 Gerd Theißen/Annette Merz: Der historische Jesus, Göttingen 1996, 282. Indem Theißen hier von »Wundercharisma« spricht, bejaht er zum einen den Wunderbegriff in schöpfungstheologischem Horizont. Zum andern aber lässt der Exeget den neutestamentlichen Sinn des Begriffs »Charisma« merkwürdig außen vor: Hat doch die Gnadengabe des Heiligen Geistes urchristlich zweifellos eschatologische bzw. ekklesiologische Bedeutung!

Tendenziell wird damit eine »natürliche« Wunder-Auffassung der Interpretation neutestamentlicher Heilungswunder dienstbar gemacht. Hierin liegt nicht nur die Gefahr einer religiösen Relativierung der Sinngebung von Wundern im Neuen Testament,[73] sondern auch die einer Überdehnung des non-dualistischen Interpretationsmodells. Dessen Leistungsstärke mag beträchtlich sein, bleibt aber doch begrenzt. Gewiss, es rückt das Grundphänomen von geistig bewirkten Heilungen wieder prinzipiell in den Bereich des Denkbaren. Strukturell entspricht es damit der Auffassung des Kirchenvaters Augustin, dass Wunder durchaus gemäß der Natur geschehen, sofern man dabei deren verborgene Seite berücksichtigt.[74] Doch seine Ambivalenz wird deutlich, wenn es von Walter Hollenweger, einem ebenso gelehrten wie engagierten Verfechter charismatischer Heilungspraxis, folgendermaßen formuliert wird: »Die Heilungen der Heilungsbewegungen ... sind nicht als Wunder, sondern als Funktionen der uns derzeit nicht bekannten, aber von Gott geschaffenen Naturkräfte zu betrachten.«[75] Demnach bleibt es dem charismatisch bzw. esoterisch denkenden Subjekt vorbehalten, unerklärliche Heilungen als »Wunder« zu bezeichnen. Die scheinbare Bewältigung des Konflikts zwischen naturwissenschaftlicher und religiöser Orientierung führt damit erst recht zu einem gespaltenen Verständnis der Wirklichkeit: Die nämlich teilt sich, mit Klaus Berger[76] gesprochen, nun in »plurale Zonen« auf, in säkulare und spirituelle. Der cartesische Dualismus der Deutung von Heilungswundern wird also im non-dualistischen Modell lediglich verlagert.

---

73 Man denke zum Beispiel an die andersartige Deutung von Wundern im Bereich des Sufismus: »Alles Geschaffene muß dem gehorchen, der Gott gehorcht« (Annemarie Schimmel: Mystische Dimensionen des Islam, Frankfurt a. M.–Leipzig 1995, 294).

74 Vgl. Augustins Traktat zum Johannesevangelium (III, 2). Unter »Natur« versteht Augustin keine selbständige Größe, sondern den Inbegriff der Willensverfügungen des Schöpfers. Wie Bron zeigt, führt das freilich »notwendig zur Relativierung und schließlichen Suspendierung des Wundergedankens« (a. a. O., 15).

75 Walter Hollenweger: Art. Heilungsbewegungen, in: H. Gasper u. a. (Hg.): Lexikon der Sekten, Sondergruppen und Weltanschauungen, Freiburg i. Br. 1995⁵, 456–463, hier 461. »Die christliche Theologie der Heilung beginnt mit der Schöpfung. Gott hat die Menschen (nicht nur die Christen) so wunderbar geschaffen, dass sie in sich selber Gaben der Heilung entdecken«, betont Hollenweger (a. a. O., 270).

76 Vgl. Klaus Berger: Darf man an Wunder glauben? Stuttgart 1996, 170 f.; wichtig auch ders.: Sind die Berichte des Neuen Testaments wahr? Gütersloh 2002, sowie ders.: Jesus, München 2004.

Dieser Konsequenz entgeht man theologisch nur, wenn man die strukturelle Offenheit des christlich verstandenen Heilungswunders auf das Endziel aller Dinge hin bedenkt. Von der Auferweckung des Gekreuzigten her wird erkennbar, dass die Natur auf Verwandlung hin geschaffen ist, dass der Schöpfung Erlösungsfähigkeit eignet und dass das eigentliche Wunder die Liebe Gottes ist, deren künftige Allherrschaft Heilungswunder in exemplarischer Vorwegnahme ansagen. Für sich betrachtet, verbleibt das non-dualistische Modell sozusagen in einer prinzipiellen »Unschärferelation«: Es sagt kaum etwas darüber, von welchem Geist hier die Rede sein soll, mit welchem Gott man es zu tun hat – und ob überhaupt mit einem Gott und nicht vielmehr mit dem geistigen Wirken von Menschen oder aber irgendwelchen Jenseitswesen. Im Blick auf die Esoterik bedarf die christliche Theologie eines Argumentationsmodells, das die Schwächen sowohl des dualistischen als auch des monistischen bzw. non-dualistischen Denkens[77] überwindet. Und das kann nur trinitarisches Denken sein, das das dualistische wie das monistische Anliegen im dreifachen Sinne Hegels »aufhebt« – nämlich durchstreicht, bewahrt und erhöht durch konsequente christologische und eschatologische Orientierung.

3. Heilungswunder christozentrisch deuten?

Esoterisches Denken kennt auch apokalyptische Gefilde. Doch innerhalb des monistischen Konzeptrahmens kann das Letzte nur das Erste sein. Hier gilt das Bild des Rades oder bestenfalls – Ernte einbeziehend – das der Spirale; es herrscht eine zyklische Grundvorstellung oder eine Art spiritueller Fortschrittsglaube in Analogie zum säkularen Fortschrittsglauben der Neuzeit. Heilung hat von daher oft den Aspekt von »Wiederherstellung«. Eine eigentliche Eschatologie im christlich-theologischen Sinn ist kaum im Blick. Neutestamentlich ist das Heilungswunder Zeichen für die hei-

---

77 So werden hier die unterschiedlichen hermeneutischen Strukturen von äußerlich ähnlichen oder verwechselbaren Wunderphänomenen nivelliert statt theologisch bzw. religionswissenschaftlich herausgearbeitet. Das deutet darauf hin, dass eine rein schöpfungstheologische Interpretation von Heilungswundern allemal zu kurz greift. Weiter hilft schon die Überlegung, dass ja schöpfungstheologisches Argumentieren durch den Gedanken des Schöpfungsmittlers mit der Christologie aufs Engste verbunden werden kann und sollte (dazu Klaus Berger: Im Anfang war Johannes, Stuttgart 1997, 128, 134 und 297).

lende Vollendung, die der trinitarische Gott der Liebe seiner Schöpfung zugedacht hat.[78] Solche Vollendung als Ergebnis liebender Vereinigung von Schöpfer und Schöpfung wird in ihrer Radikalität überhaupt nur denkbar durch die Überwindung der wesenhaften Unterschiedenheit von Gott und Welt in Jesus Christus. Erst mit der Christusbotschaft hat darum das Phänomen des Heilungswunders eine wahrhaft eschatologische Dimension erhalten. Deshalb kommt eine gute christliche Theologie gerade auch dann, wenn sie – aus welchem Anlass auch immer – auf Heilungswunder einzugehen hat, nicht ohne klare christologische und eschatologische Bezüge aus.

Dabei gehören christologische und eschatologische Gehalte unabdingbar zueinander. Es macht wenig Sinn, eine Christozentrik zu pflegen, für die das eschatologische Moment höchst nachrangigen Charakter hat. Diese Gefahr droht wiederholt bei Karl Barth: Das Wunder schlechthin begegnet ihm zufolge in Jesus Christus selbst,[79] dessen überlieferte Heilungstaten hier den Charakter »*absoluter* Wunder«[80] erhalten. Die diversen sonstigen Wundererzählungen aus der Umwelt des Neuen Testaments, aber auch aus der gesamten Religionsgeschichte gelten demgegenüber nur als »*relativ* außerordentliche Handlungen«[81]. Damit arbeitet Barth im Rahmen seiner Versöhnungslehre durchaus jene rein schöpfungstheologisch nicht einzuholende Differenz des Neuen heraus, die sich mit der in Wort und Tat ergangenen Reich-Gottes-Botschaft gegenüber der »immer und überall vorhandenen und auch bemerkbaren Tiefe des Alten«[82] auftut. Feinsinnig zeigt er die besondere Charakteristik der »Reichswunder« Jesu

---

78 Vgl. Hans-Martin Barth: Dogmatik. Evangelischer Glaube im Kontext der Weltreligionen, Gütersloh 2001, 454 f.; John Webster: Art. Wunder. VII. Dogmatisch, in: RGG⁴ 8 (2005), Sp. 1727–1729.

79 Vgl. Karl Barth: Kirchliche Dogmatik II/1, 1940, 222 f. Zu Barths Wunderverständnis vgl. Bron, a. a. O., 206 ff.; Marquardt, a. a. O. 284 ff.; Mann, a. a. O., 70 ff.

80 Vgl. KD IV/2, 1955, 238 u. ö. Dass Jesu Wunder im religionsphänomenologischen Vergleich »graduell weit« herausragen, unterstreicht Rudolf Otto: Aufsätze das Numinose betreffend, Stuttgart-Gotha 1923, 157. Tatsächlich sind von keinem anderen Heiler der antiken Welt so viele und so große Wunder überliefert. Zugleich ist darauf hinzuweisen, dass es eine verbreitete Fehlmeinung ist, in der Antike seien Wunderheilungen das Normale und stets Erwartete gewesen (vgl. dazu Leonhard Goppelt: Theologie des Neuen Testaments, Gütersloh 1978³, 191 f.); gerade in der jüdischen Umwelt fiel ein Heiler wie Jesus aus dem Rahmen!

81 KD IV/2, 237.

82 KD IV/2, 239.

auf, die dessen Dienen unterstreichen und es keineswegs erlauben, ihn einfach als Magier[83] oder aber als programmatischen Weltverbesserer einzuordnen. Auch die den Wundern Jesu eignende Symbolkraft wird herausgestellt. An diesem Punkt tut sich jedoch die Aporie der christozentrischen Deutung Barths auf: Die symbolische Interpretation nämlich ist es, die den Wundern nach Jesu Himmelfahrt neben ihrer Zeugnisfunktion für die Christusoffenbarung allein noch gemäß sein soll. Tatsächlich sind die Wundertaten für Barth »Anfänge ohne die entsprechenden Fortsetzungen« gewesen, schlicht »Gottes abschließende Aktion«[84]. So brillant Barth den eschatologischen Zug der Heilungswunder Jesu herausstellt, so fatal wirkt sich sein christozentrisches Verständnis des »Endzeitlichen« selbst aus: Jesus Christus ist für ihn *das* endgeschichtliche Ereignis schlechthin; Ewigkeit lagert sich als Vor-, Über- und Nachzeitlichkeit um die Geschichte und ihre Mitte namens Jesus Christus,[85] in dem es zur absoluten Erfüllung der Zeit gekommen ist. Damit entgeht Barth der Charakter zielgerichteter Orientierung am Futurischen. Seine christomonistisch orientierte Betrachtung der Heilungswunder sieht sie in der »Mitte der Zeiten« lebendig, aber von diesem absoluten Zentrum aus rasch abebben. Dass das Neue Testament in diesen Zeichen nicht etwa Gottes abschließende, sondern eine *auf*schließende Aktion sieht, wird von Barth verkannt. Offenkundig steht er der vom jüngeren Augustin und von den Reformatoren geteilten Auffassung nahe, das Wundercharisma sei mit den Aposteln ausgestorben, weil das Evangelium seither deutlich genug erklinge[86]. Diese noch heute verbreitete These beweist nach Franz Overbeck, welch »grosse Stücke die Theologen auf die Wunder, die sie vertheidigen, halten, und wie wenig ihnen im Grunde daran liegt, unsere Welt durch diese fremden Gäste stören zu lassen.«[87] Jedes Gespräch mit Esoterikern und Charismatikern ist damit von vornherein verbaut.

---

83 Vgl. Morton Smith: Jesus der Magier, München 1981. Anders mit Recht Barth, a. a. O.,
    240; denn Jesus verzichtete auf das unentbehrliche Instrument jeden Magiers, nämlich das der magischen Beschwörung (vgl. Dieter Trunk: Der messianische Heiler,
    Freiburg i. Br. 1994, 394). Erinnert sei auch an das oben zum christlich interpretierten
    Schamanismus Gesagte.
84 Barth, a. a. O., 241 und 243.
85 Vgl. KD II/1, 698 ff.
86 Diese vom jüngeren Augustin in *De vera religione* (c. 25) vorgetragene Auffassung hat
    der Kirchenvater später in seinen *Retractationes* (I.13.7) widerrufen. »Seine Praxis als
    Seelsorger und Bischof von Hippo hatte ihn eines Besseren belehrt« (Michael Marsch

Freilich ist Barth nicht blind gewesen gegenüber jenen Charismen, die sich etwa bei Johann Christoph Blumhardt unübersehbar gezeigt hatten. Aber seine christozentrische Perspektive gestattet es ihm lediglich, Heilungswunder unserer Zeit als poimenische Ausnahmefälle einzuordnen: »Hier, in der Seelsorge, mag es denn auch in gewissen außerordentlichen Not- und Kampfsituationen, ermächtigt durch speziellste Berufung und Begabung, auch zu Aktionen in Analogie zu den im Auftrag an die ersten Jünger so hervorgehoben erwähnten *Heilungen* und *Exorzismen* kommen: solche Not- und Kampfsituationen und solche speziellste Berufung und Begabung zu ihrer Bewältigung gibt es, nur dass man beide bestimmt nicht postulieren und allgemein aufs Programm nehmen kann.«[88] Dieser Satz steht in der Versöhnungslehre seiner »Kirchlichen Dogmatik« unter der Überschrift »Der Heilige Geist und die Sendung der christlichen Gemeinde«: Wie anders hätte man ihn dort formulieren können und müssen – angesichts des eindeutigen Textbefunds, dass der Heilungsauftrag des Auferweckten keineswegs nur an eine erste Vorhut, sondern an die Jüngerschaft als Ganze gerichtet gewesen ist! Nachdem Barth Jesus Christus ins Zentrum seiner Wunderbetrachtungen gestellt hat, hätte er auf Grund seiner Einsicht, dass der Wundertäter Jesus nicht als »Seelsorger« gearbeitet habe,[89] auch folgern sollen, dass eine Einordnung von Heilungswundern

---

im Vorwort zu: MacNutt, a. a. O., 9). In den Klöstern als wichtigen Bildungsstätten entwickelte sich daraufhin das Heilen der Kranken zu einer Art Wissenschaft, doch 1139 untersagte das Zweite Laterankonzil den Mönchen die spezielle Heiltätigkeit. Die Reformation hat sich mit der Auffassung von der Beschränkung des Wundercharismas auf die kirchliche Frühzeit an den jüngeren Augustin gehalten (vgl. etwa Luther: WA 10/III, 144 ff.; Calvin, Institutio IV 19,18), ohne das Recht des Gebets um Heilung in Frage stellen zu wollen (Luther: WA Briefe 11, 111 f.). In den Lutherischen Bekenntnisschriften wird lediglich einmal in der *Konkordienformel* von Wundern gesprochen – bezeichnenderweise mit Beschränkung auf Christus: »Daher hat er auch alle seine Wunderwerk gewirket und solche seine göttliche Majestat nach seinem Gefallen, wenn und wie er gewollt, und also nicht erst allein nach seiner Auferstehung und Himmelfahrt, sondern auch im Stand seiner Erniedrigung geoffenbaret ...« (BSLK, 1024). Die altprotestantische Orthodoxie hat die römisch-katholische These von der Notwendigkeit gegenwärtiger Wunder bekämpft.

87 Franz Overbeck: Ueber die Christlichkeit unserer heutigen Theologie, 1903², 52. Dabei geht Overbeck davon aus, dass Wunder »einer Religion, wo sie allein herrscht, ebenso viele Gläubige verschaffen, als, wo das Wissen ihr entgegentritt, Gläubige kosten« (25).

88 KD IV/3, 2. Hälfte, Zürich 1979³, 1015 f.

89 Vgl. KD IV/2, 240.

in die Seelsorge-Praxis nicht ganz hinreichend sein dürfte. Gewiss lassen sich Heilungswunder kirchlich nicht so »aufs Programm nehmen«, als könne man magisch-esoterisch von ihrer Machbarkeit ausgehen; sie bleiben Gaben des einen Geistes, der unterschiedlich austeilt.[90] Aber sie umgekehrt programmatisch auf speziellste Ausnahmen zu beschränken, heißt das nicht: den Geist dämpfen und sich in amtskirchlicher Dogmatik auf das allzeit Verfügbare einrichten?[91]

Entschieden weiter geht in dieser Hinsicht Heinrich Vogel: Seine Dogmatik »Gott in Christo« zeigt zwar, wie viel er nicht zuletzt in der Wunderlehre von Barth gelernt hat. Doch entfaltet er seine christozentrische Perspektive stärker unter heilsgeschichtlichem Aspekt. Um der »Selbstvergegenwärtigung des lebendigen Christus« willen rechnet er »mit Wundern im neutestamentlichen Sinne auch auf der ganzen Strecke zwischen der Himmelfahrt und der Wiederkunft des Herrn der Kirche«[92]. Wie er gegen Schleiermacher betont, durchbrechen sie tatsächlich die Gesetze der Natur, nämlich der gefallenen Natur; eben dadurch verschaffen sie der Natur der »Gotteswelt« Raum, die der Schöpfer eigentlich gewollt hat.[93]

---

90 Vgl. 1. Kor 12,9 f. Das ist festzuhalten gegenüber Georg Schmid, der für ein magisches Christentum plädiert (Unterwegs zur Mitte – Magie und Mystik, in: J. Müller u. a.: Der magische Kreis, Freiburg 1994, 69–81, bes. 79). Zwar will Schmid Magie als »gewaltfreie Verwandlung« verstanden wissen, doch kann er den geläufigen Begriffssinn, der übersinnliche Manipulation und Kontrollmöglichkeit meint (bekanntlich wird daher schwarze Magie durchaus als Gewaltmittel eingesetzt), nicht einfach wegwischen. Insofern lässt sich keineswegs sagen, Christen als Magier zu deuten, sei »nicht zum Schaden des Evangeliums« (80).

91 Entsprechend rügt Zimmerling die im abendländischen Christentum verbreitete Geistvergessenheit, zu deren Überwindung charismatische Erfahrungen nach seiner Überzeugung beitragen können. Indem er dafür plädiert, das in Jak 5,14–16 erwähnte Krankengebet als »Amtsgabe« zu bezeichnen (a. a. O., 154), macht er deutlich, dass die Heilungsgaben des Geistes sich nicht auf das Wirken besonders Begabter beschränken. In jedem Fall müsse der kirchliche »Bezugsrahmen offen gelegt werden, in dem Heilungen in der christlichen Gemeinde erfolgen« (155). Vgl. auch Walter Hollenweger: »Heilt die Kranken!« Heilung als Gabe und Aufgabe der Gemeinde (Studienbrief A 28, hg. von der Arbeitsgemeinschaft Missionarische Dienste), Stuttgart 1993.

92 Heinrich Vogel: Gott in Christo, Teil 2, Berlin–Stuttgart 1957, 570.

93 Vgl. a. a. O., 563. Das ist vor allem gegen Schleiermacher, Ritschl und Herrmann gesagt (vgl. 570). »Wir werden aber doch wohl gut tun, hier nicht einfach den Naturbegriff unseres immanenten Weltverständnisses dominieren zu lassen, sondern bedenken, daß das Naturgesetz dieser Welt unlöslich in eins verflochten ist mit dem Todesgesetz ihres Abfalls ...« (563).

Allerdings bleibt diese Sichtweise auch bei Vogel gänzlich im christozentrischen Rahmen; vom Heiligen Geist ist in seiner Wunderlehre kaum die Rede. So erklärt sich die merkwürdige Abstraktheit seiner Ausführungen, die etwa auf die Frage wunderbarer Heilungen nirgends eingehen. Der gegenwärtige Christus waltet seines königlichen Amtes, wie Vogel betont,[94] um zugleich einzuräumen, dass von seiner Königsherrschaft im Lauf der Weltgeschichte so gut wie nichts zu bemerken sei; nur der Glaube wisse um sie, und so erfahre auch »nur der Glaube Wunder«[95]. Damit zieht Vogel bedauerlicherweise die von ihm zuvor herausgearbeitete Differenz zwischen dem Wunderbaren, das der Glaube entdeckt, und dem Wunder, das den Glauben hervorruft, ein.[96] Am Ende bleiben insofern doch nur die zu glaubenden Christuswunder des Neuen Testaments die herausragenden Durchbrechungen des Gesetzes einer gefallenen Natur.

Auch für Wilfried Joest gehört das Wunder-Thema »in die Christologie«[97]. Zutreffend stellt seine Dogmatik den Bezug des Wunders als Zeichen der Auferstehung heraus. Sein »Exkurs zum Verständnis der Wunder Jesu« legt exzellent dar: Jesu Heilungen sind »Vorzeichen des Neuen, das es ... im Lauf dieser Welt gerade noch nicht ›gibt‹: nicht Grenzfall der Möglichkeiten des Menschen, sondern Ansage der Zukunft Gottes«[98]. Von daher unterstreicht er: »Ist Gott der Wirkende in diesen Zeichen, so können wir *seinen* Möglichkeiten keine prinzipielle Grenze ziehen.« Das ist aber nur apologetisch im Blick auf die Evangelienerzählungen gesagt; und faktisch zieht Joest solch eine Grenze dann doch ähnlich wie Barth und indirekt Vogel, insofern seine Dogmatik kein Wort zur Frage nach der Möglichkeit und Wirklichkeit von esoterischen oder charismatischen Heilungswundern in unserer Gegenwart findet; die eschatologische Deutung kommt gewissermaßen nicht zur Anwendung.

---

94 Vogel bejaht das calvinistische »Extra«, das Christus trotz seiner Kenose den Erhalter der Welt bleiben sieht (a. a. O., 799 f.) – eine nicht unproblematische These (dazu Thiede, Christus, 421).
95 A. a. O., 799 f. und 569.
96 Vgl. a. a. O., 570.
97 Wilfried Joest: Dogmatik, Bd. 1: Die Wirklichkeit Gottes, Göttingen 1984, 180. Vgl. auch Eugen Biser: Das Antlitz. Christologie von innen, Düsseldorf 1999, 193 ff.
98 Joest, a. a. O., 237 f. Nächstes Zitat 238.

4. Heilungswunder im Licht des Geistes Gottes verstehen

Trinitarisches Denken kann und muss demgegenüber das Christologische stets auch im Licht des Gottesgeistes aktualisieren. Wirkt doch derselbe Geist, der Jesus zu seinen Wundertaten befähigt und ihn auferweckt hat, seit Pfingsten zur Auferbauung des Leibes Christi in Gestalt der Kirche! Theologisch über Heilungswunder nachzudenken heißt daher allemal, sie auch ausdrücklich im Kontext der Lehre vom Heiligen Geist und damit von der Lehre über die Kirche[99] und die christliche Hoffnung anzusiedeln. Auf der Basis der Unterscheidung von Gott und Welt, wie sie der erste Artikel des Apostolischen Credos voraussetzt, und des Glaubens an die Auferweckung Jesu, wie ihn der zweite Artikel bekennt, kommt so im Sinne des dritten Artikels die Lebensmacht des Heiligen Geistes in den Blick, die die Leiden der alten Welt in der Kraft der neuen Welt zeichenhaft überwindet.[100] Weder ein theistisches noch ein nichttheistisches Wunderverständnis, sondern ein trinitätstheologisch verantwortetes ist angesagt.

Rein äußerlich mögen im Geist Christi geschehende Heilungswunder von manchen aus nichtchristlichen Kontexten[101] kaum zu unterscheiden sein. Doch bei näherem Betrachten zeigt sich: Die Evangelien haben - anders als in der Esoterik - »keine panenergetisch gedachte psychokosmische Lebensenergie«[102] im Blick, sondern den Geist des Herrn der Kirche. In

---

99 Reimer gibt zu bedenken: »Die Heilung als besonderer Glaubensvollzug ist eine Dimension des Dienstes am Evangelium, dem sich die Kirche weitgehend entzogen hat. Daher stehen wir alle am Anfang eines Lernprozesses ...« (Erneuerung, 289). Trunk (a. a. O., 434) plädiert mit Recht dafür, die Gabe der Heilung nicht den Sekten und Freikirchen zu überlassen.

100 Diese Wunderauffassung ist insofern »supranaturalistisch«, als sie davon ausgeht, die der Vergänglichkeit unterworfene Natur könne vom *creator spiritus* als dem Geist der Auferstehung schon während unserer irdischen Zeit ansatzweise transzendiert werden. Freilich soll damit keineswegs in der Art katholischer Apologetik »eine wissenschaftliche Bestätigung des Eingreifens Gottes in das Naturgeschehen« (vgl. Marquardt, a. a. O., 324; Monden, a. a. O., 9.50 und 165 ff.) intendiert sein.

101 Vgl. Horst Bürkle: Heilung in nichtchristlichen Religionen, in: G. Müller (Hg.): Rechtfertigung. Festschrift für A. Köberle zum 80. Geburtstag, Darmstadt 1978, 327-342; Theo Sundermeier: Kann man fremde Heilungssysteme verstehen?, in: R. Hempelmann/U. Dehn (Hg.): Dialog und Unterscheidung. Festschrift für R. Hummel zum 70. Geburtstag, Berlin 2000, 223-232.

102 Bernhard Grom: Gesundheit und »Glaubensfaktor«, in: StZ 123 (1998), 413-424, hier 424.

ihnen geht es nicht um die geistigen Heilungskräfte »der« Natur, als wäre der *creator spiritus* deren stets harmonisierender *spiritus rector*. Sie handeln von dem Geist, der sich einerseits selbst zurückgenommen hat,[103] um verborgen in der entfremdeten Schöpfung allgegenwärtig zu sein, und der andererseits innerlich und äußerlich bereits ansatzweise offenbar werden will, wo mit Christus sich Gottes Wesen der Liebe eschatologisch erschließt. Ihr Kommunikationsraum bildet daher den hermeneutisch angemessensten Kontext von Wunderheilungen.[104] Denn genau auf den Geist, kraft dessen sich Wunderheilungen vollziehen, kommt es an.

Durchbricht der Geist Christi nun einfach das Naturgesetz, wie das namentlich die scholastische Theologie seit Thomas von Aquin in schöpfungtheologischer Hinsicht gelehrt hat?[105] Oder bringt er eine Durchbrechung des Naturgesetzes im christologischen Sinne Vogels mit sich, um die »Natur der Gotteswelt« hereinbrechen zu lassen? Kaum, denn die Geheilten bleiben sterbliche Menschen. Wohl aber kann man mit Emil Brunner das Wunder als »Durchbruch des Gottesgeistes in die Welt der Gegebenheiten, der Dinglichkeit«[106] verstehen, wenn man dabei mit Hans Schwarz bedenkt: »Gottes wunderwirkende Tätigkeit ereignet sich innerhalb und durch die gegenwärtige Struktur der Natur«[107]. Seine Kraft in Gestalt des Charismas von Christusgläubigen wirkt heilend und insofern

---

103 Wenn schon Hegel vom »sich entfremdeten Geist« (HW IX, 25) und Hans Jonas von der »Selbstentäußerung des Geistes« (Geist, Natur und Schöpfung, in: H.-P. Dürr/W. Ch. Zimmerli [Hg.]: Geist und Natur, Bern u. a. 1989, 61–77, hier 73) philosophisch zu reden wissen, so gilt es erst recht, theologisch das Zeugnis von der »Kenosis des Geistes« wiederzugewinnen (vgl. D. Lyle Dabney: Die Kenosis des Geistes, Neukirchen-Vluyn 1997; Werner Thiede: Der gekreuzigte Sinn, besonders Kap. 11 und 12).

104 Vgl. Bernhard Martin: Die Heilung der Kranken als Dienst der Kirche, Basel 1954, 19.41 und 105 ff.

105 Noch heutzutage plädiert der katholische Theologe Thomas Schnelzer für die Annahme einer Verletzung von Naturgesetzen im Wunder (»So etwas haben wir noch nie gesehen« [Mk 2,12], in: Glaube und Denken 13 [2000], 105–132, 130 ff.).

106 Emil Brunner: Erlebnis, Erkenntnis und Glaube, Tübingen 1923³, 109.

107 »Ein Gott, der in die Natur eingreift, ist auch dem biblischen Verständnis von Gottes Wirken fremd« (Hans Schwarz: Schöpfungsglaube im Horizont moderner Naturwissenschaft, Neukirchen-Vlyn 1996, 216 und 222 ff.). Sein Plädoyer für eine »zweifache Sicht der Wirklichkeit« (224) im Sinne einer Komplementarität von Gottes Vorsehung und Naturgesetz übersieht allerdings, dass ein derart interpretiertes Handeln Gottes den Skeptiker weniger zum Glauben als vielmehr dazu bewegen wird, dieses Handeln für überflüssig zu halten.

unterbrechend auf natürliche Vorgänge ein,[108] die ja laut quantentheoretischer Definition für geistige Einflüsse offen sind – und insofern nicht etwa aufgehoben werden.[109] Wer hiergegen etwa mit Tillich argumentieren wollte, dass diese These einer »kausalen Randwirksamkeit« durch den göttlichen Geist dessen Transzendenz vernachlässige, der muss sich sagen lassen, dass dem trinitätstheologisch verstandenen Geist an einer reinen Transzendenz mit Sicherheit weniger liegt als dem in solchen Fragen um die »Autonomie« seiner selbst und der Welt Besorgten. Die im Geist Christi geschehenden Heilungswunder sind Ausdruck für das Nahe-herbei-Gekommensein der Herrschaft Gottes, für seinen Willen zum heilenden Eingreifen in die ihm insgesamt noch nicht wirklich entsprechende Schöpfung. Es ist der eschatologische Geist der Liebe, der einerseits zum Durchhalten im Leiden befähigt, nicht ohne andererseits seiner Gemeinde zusammen mit den Gaben des Glaubens und der Hoffnung bereits einzelne, konkrete Signale als auferbauendes und werbendes Unterpfand dafür zu schenken, dass er jetzt und in der verheißenen Vollendungswelt zu ganzheitlichem Wirken willens und fähig ist.

Diesen positiven Zeichensinn von Wundern haben die römisch- und orthodox-katholischen Lehrtraditionen seit jeher unterstrichen,[110] vor allem mit Blick auf die Wundertaten ihrer Heiligen.[111] Zumal sie die Kirche als den Raum für die Austeilung der Geistesgaben benennen, haben sie die Gabe der Krankenheilung keineswegs übersehen.[112] Bezeichnend ist allerdings, dass der *Weltkatechismus* der römisch-katholischen Kirche von 1993 das einzelnen Menschen geschenkte »Heilungscharisma« gänzlich einzuordnen versucht in die Lehre vom priesterlich verwalteten Sakrament der Krankensalbung, bis 1973 »letzte Ölung« genannt.[113] Nur ein einziger

---

108 Vgl. Siegmund, a. a. O., 418.

109 Zum Naturgesetz gehört wesenhaft seine Manipulierbarkeit durch den Geist seines Schöpfers: Es ist von theologischer Seite relations- statt substanzontologisch zu interpretieren.

110 Vgl. J. Neuner/H. Roos: Der Glaube der Kirche, Regensburg 1979[10], Nr. 32 und 51 f.; Karl Rahner: Visionen und Prophezeiungen, hg. v. J. Sudbrack, 1989[2], 76 f.

111 Vgl. Herbert Thurston: Die körperlichen Begleiterscheinungen der Mystik (1951), Luzern 1956; Andreas Resch: Heiligsprechungsverfahren und Wunderheilung, in: ders. (Hg.): Paranormologie und Religion, Innsbruck 1997, 343–377.

112 Die katholische Kirche definiert »Wunder« allerdings strikt ekklesiologisch (vgl. Monden, a. a. O., 11.133 und 167–343; Bron, a. a. O., 185 ff.).

113 Vgl. Katechismus der Katholischen Kirche, München 1993, 408 f. (Abs. 1508), sowie Anselm Grün: Die Salbung der Kranken, Münsterschwarzach 2001.

Satz würdigt die Gabe der Heilung als eine spezielle;[114] im Kontext aber geht es seitenlang um die symbolische Bedeutung und den klerikalen Vollzug des Krankensalbungssakraments, also um das liturgisch machbare Handeln der Gnadenvermittlung. Dabei stehen Innerlichkeitstrost und Jenseitsverheißung im Vordergrund.[115] Die Geschichte von der Heilung des Gichtbrüchigen[116] wird zitiert; während Jesus allerdings die Gnade des Wunders mit dem Wunder der Gnade verbunden hat, spricht der Weltkatechismus fast ausschließlich vom letzteren, kirchlich verwalteten Gnadenwunder.

Einige protestantische Dogmatiker gehen die Wunderheilungsthematik eher pneumatologisch an und öffnen sich ihr auf diese Weise ganz neu. Jürgen Moltmann, der noch 1975 in seinem Buch »Kirche in der Kraft des Geistes« kein Wort über die Geisteskraft der Heilung verlauten lässt und dessen Schöpfungslehre von 1985 lediglich einen Paragraphen über das »Leben in Gesundheit und Krankheit« ohne jede Bezugnahme auf Wunderheilungen enthält,[117] kommt 1991 in dem Buch »Der Geist des Lebens« zur Sache. Krankenheilungen sind für ihn nun als »Vorzeichen der Totenauferstehung« ein »wesentlicher Teil des Apostolats der Kirche«[118]. Ihre eschatologische Kontextualisierung durch Jesus wird klar herausgearbeitet. Von daher kann ihre Deutung auch in der Kirche von heute einzig

---

114 Das ist immerhin nicht der Fall in Karl Rahners Ausführungen über die Krankensalbung in seinem »Grundkurs des Glaubens« (Freiburg i. Br. 1984, 405 ff.). Namentlich angesichts des weltberühmten Wallfahrtsorts *Lourdes* drängt sich eine ausführlichere Behandlung des Themas im Kontext römisch-katholischer Theologie auf (vgl. Alfred Läpple: Die Wunder von Lourdes, Augsburg 1998).

115 Anders ist der Akzent im griechisch- und russisch-orthodoxen Katholizismus gesetzt: Dort dient die Krankensalbung ausdrücklich »zur Gesundung von an Leib und Seele oder Geist Kranken« (Christus in euch: Hoffnung auf Herrlichkeit. hg. Orthodoxes Glaubensbuch für erwachsene und heranwachsende Gläubige, hg. von S. Heitz, Göttingen 1994, 134). Gleichwohl wird sie in den Gemeinden »wenig in Anspruch genommen« (135); insofern ist die Situation nicht anders als im römischen Katholizismus (vgl. Wolfgang Beinert: Heilender Glaube, Mainz 1990, 172).

116 Paul Schütz notiert zu dieser Geschichte: »Heil ist damit zugleich Seelenheil und Körperheilung. Das geriet weithin bei uns im christlichen Abendland in Vergessenheit. ›Heil‹ ist Überwindung dieser Urspaltung« (Widerstand und Wagnis, Moers 1982, 234).

117 Vgl. Moltmann, Gott, 273–278. Moltmann weiß hier nur von einer »Kraft des Menschseins«, und die befähigt natürlicherweise lediglich zur »Bejahung und der Liebe des gebrechlichen und sterblichen Lebens« (277).

118 Jürgen Moltmann: Der Geist des Lebens, München 1991, 202.

im Horizont des Kommenden erfolgen: »Im Anbruch der Neuschöpfung aller Dinge sind sie im Grunde keine ›Wunder‹, sondern das ganz Natürliche und das, was man erwarten muss.«[119] Mit Recht unterstreicht Moltmann die Rolle der Erwartung, nämlich des Glaubens im interaktionistisch verstandenen Heilungsvorgang.[120] Könnte esoterisch hieran angeknüpft werden, so doch kaum an die kreuzestheologische Basis christlicher Heilungstätigkeit, die Moltmann aufzeigt: »In der Passion Jesu Christi hat Gott das kranke, schwache, hilflose und behinderte Menschenleben angenommen und es zum Teil seines ewigen Lebens gemacht. ... Darum ist der Gekreuzigte sowohl die Quelle der Heilungen wie der Trost im Leiden.«[121] Hieraus lässt sich lernen, dass kreuzestheologisch verantwortete Dogmatik nicht nur Hilfestellungen für den Leidenstrost, sondern auch für die Entdeckung des Heilungscharismas geben sollte – freilich verstanden als Gabe des Geistes Jesu Christi und nicht einer esoterisch gedeuteten Geistesgröße.

Ähnlich greift Wilfried Härle in seiner Dogmatik die Frage nach der Gabe der Krankenheilung auf: »Daß der Heilige Geist auch leiblich heilenden Charakter haben könnte, erschließt sich in unserer Zeit allmählich wieder ... als eine Einsicht, die lange belächelt, ignoriert oder in den Hintergrund gedrängt wurde ... Die christliche Glaubenslehre hat von ihrer Überlieferung her keinen Grund, die Möglichkeit von Heilungen durch das Wirken des Heiligen Geistes zu bestreiten, und wo einem Menschen dieses Charisma gegeben ist, da sollte dies dankbar anerkannt und verantwortlich gebraucht werden.«[122] Zu solcher Verantwortlichkeit zählt Härle zum einen das kreuzestheologische Bewusstsein um die Nichtverfügbarkeit

---

119 Moltmann, Geist, 203.
120 Nichtchristliche Forscher bestätigen »den Eindruck, dass der Glaube – an eine Behandlung, eine Person, einen äußeren Rahmen oder ein System – bei diesem Phänomen [sc. der Wunderheilung] eine ganz zentrale Rolle spielt. Wir begannen, Seele, Körper und Spiritualität als einen ganzheitlichen Zusammenhang zu begreifen« (Hirshberg/Barasch, a. a. O., 135). Neuere medizinische Erkenntnisse untermauern die Interaktion von mentalen und körperlichen Prozessen (z. B. Rolf Stühmer: Körper & Geist, Tübingen 1997). Vgl. auch Johannes Mischo: Pilotstudie zur Erfassung des Interaktionsprozesses zwischen »geistigen« Heilern und ihren Patienten, in: Zeitschrift für Parapsychologie und Grenzgebiete der Psychologie 30 (1988), 211–216.
121 Moltmann, Geist, 205. Konsequent folgt ein Paragraph mit dem Titel »Das Charisma des behinderten Lebens«.
122 Vgl. Wilfried Härle: Dogmatik, Tübingen 1995, 380 f. (ferner 498 f.).

pneumatischer Heilungskraft[123] – und zum anderen das gerade auf diesem Gebiet unerlässliche Unterscheiden der Geister.[124] Beides ist mit Blick auf die esoterische Szene theologisch wichtig. Härle ist bewusst, dass nicht alle Wundermächte schlechthin auf das Wirken des Heiligen Geistes zurückzuführen sind,[125] sondern durchaus anderen Ursprungs sein können. Er zögert freilich, hier mit Teufeln und Dämonen zu rechnen, wie das in der zweiten Hälfte des 20. Jahrhunderts noch die protestantischen Systematiker Walter Künneth und Hans Schwarz[126] neben vielen katholischen Theologen tun. Vielmehr fasst er das Dämonische im übertragenen Sinn als strukturell zerstörerische Mächtigkeit auf[127] – eine Alternative zu althergebrachten, heute vor allem esoterisch oft noch hochgehaltenen Vorstellungen von bösen Geistern.

Auch der Systematiker Wolfgang Schoberth nimmt mit Blick auf das Gebiet der Wunderheilungen wahr: »In der religiösen Gegenwartskultur spielen alternative Heilmethoden eine große Rolle.«[128] Er gibt zu bedenken: »Dass die Welt mehr ist, als was der Fall ist, und mehr wirklich ist, als die Wissenschaften beschreiben können: das zeigen die Wunder – auch die alltäglichen.«[129] Von wachsender kirchlich-theologischer Aufmerksamkeit zeugt im Übrigen seit Herbst 2006 ein »Christliches Heiler-Netzwerk« (CHN). Es ist entstanden innerhalb der ebenfalls neuen »Internationalen Vermittlungsstelle für herausragende Heiler« (IVH), die angesichts der

---

123 Auch Zimmerling unterstreicht: »*Weder* bei Jesus *noch* bei den Aposteln gibt es einen Heilungsautomatismus« (a. a. O., 152).

124 In rein schöpfungstheologischen Konzepten der Heilungswunder fällt solche Geisterunterscheidung aus (bzw. sie wird auf ein rein ethisches Niveau reduziert). Das aber führt dann mancherorts zu der problematischen Akzeptanz von nichtchristlichen Heiler(inne)n in christlichen Gottesdiensten.

125 2. Thess 2,11 rechnet sogar mit einer »von Gott geschickten Kraft zur Verführung, damit all die dem Gericht verfallen, die der Wahrheit nicht geglaubt haben«! – Erinnert sei hier auch an Luthers Rede von Gottes heidnischen »Wundermännern« (vgl. Rudolph Hermann: Luthers Theologie, Göttingen 1967, 174 ff.).

126 Vgl. Künneth, a. a. O., 90 f.; Schwarz, Schöpfungsglaube, 227.

127 Dabei lehnt Härle das systematisch-theologische Reden von Dämonen nicht pauschal ab (a. a. O., 489 ff.). Vgl. auch Wolfgang Schoberth: Systematisch-theologische Thesen zum Okkultismus und zum Dämonischen, in: W. Ritter/H. Streib (Hg.): Okkulte Faszination, Neukirchen-Vluyn 1997, 39–48.

128 Wolfgang Schoberth: Geist, Energie, Person. Überlegungen zur Gotteslehre, in: W. Ritter/B. Wolf (Hg.): Heilung – Energie – Geist, Göttingen 2005, 247–268, hier 247.

129 Schoberth, Geist, 264.

Auswüchse der esoterischen Heilerszene Seriosität fördern möchte. Das CHN soll Patienten dienlich sein, die christlich orientierte Heiler bevorzugen. Geleitet wird dieses Netzwerk von Bernhard Wolf, dem Vorsitzenden der Bundeskonferenz der Weltanschauungsbeauftragten in den evangelischen Landeskirchen. Angesichts dieser neuen Initiative ist freilich zu bedenken, was Harald Wiesendanger, Deutschlands namhaftester Experte für »Geistiges Heilen«, in Erinnerung ruft: »Im Laufe von rund 15 Jahren, in denen ich beobachtend und forschend die sogenannte ›spirituelle‹ Gesundheitsszene des deutschsprachigen Raumes durchstreift habe, lernte ich weit über tausend Heiler kennen. Wieviele könnte ich guten Gewissens an kirchliche Einrichtungen weiterempfehlen? Nicht einmal jeden hundertsten.«[130]

Tatsächlich ist selbst der Begriff des »Christlichen« in diesen Zusammenhängen nicht unbedingt ein Qualitätssiegel; denn auch unter christlichen Heilern gibt es solche, die ihr »Christentum« in einem sehr weiten, esoterisch durchsetzten, ja manchmal moralisch durchlöcherten Sinn verstehen. Auffällig ist zudem der Umstand, dass die genannte Neugründung von einem »wissenschaftlichen Beirat« getragen wird, dem unter anderem Theologieprofessoren wie Walter Hollenweger und Medard Kehl angehören, aber auch esoterisch engagierte Medizinerinnen und Mediziner bzw. Heilerinnen und Heiler wie Rüdiger Dahlke und Brenda Davies sowie der namhafte Reinkarnationsforscher Erlendur Haraldsson. »Geistiges Heilen« als Bestandteil der Esoterikszene hat seine Wurzeln im Schamanismus[131] und bezieht nicht selten die »Künste« von Totengeistern mit ein. Christliches Heilen versteht sich dagegen als Gnadengabe des Heiligen Geistes im Dienst des Reiches Gottes und lässt sich nicht fernab der biblischen Aufforderung praktizieren, die Geister zu unterscheiden.

Dass von Christen, übrigens sogar von Nichtchristen, gerade kirchliche Einrichtungen als Beratungs- und Vermittlungsinstanzen gesucht

---

130 Harald Wiesendanger (Hg.): Wie Jesus heilen. Geistiges Heilen: ein Akt christlicher Nächstenliebe, Schönbrunn 2005³, 32. Bernhard Wolf bemerkt auf der Homepage des CHN: »Allerdings entspricht der in den letzten Jahren geradezu dramatisch ansteigenden Zahl sogenannter ›Geistheiler‹ trotz ihrer Organisation in Verbänden ein ebenso dramatischer Qualitätsverfall; die Frage nach Seriosität spitzt sich zu.«

131 Vgl. neben der hierzu bereits genannten religionswissenschaftlichen Literatur aus esoterischer Sicht Ute Moos: Spirituelles Heilen, Wien 1999.

werden, zeigt Wolf zufolge deutlich, welches Vertrauen ihnen in der Gesellschaft immer noch entgegengebracht und welche Kompetenz ihnen zugeschrieben wird, wenn es um die heiklen Fragen von Heil und Heilung geht. Die kirchliche Praxis ist jedoch nach seiner Überzeugung auf die neue Situation kaum vorbereitet.[132] Wie Heiliger Geist und Heilkräfte zusammenhängen, sei theologisch noch kaum hinreichend bedacht, betont Wolf. In der Tat: Was ist bei theologischer Ablehnung eines mythologisch anmutenden Geisterglaubens von solchen Wundermächten zu halten, die im Sinne weißer Magie durchaus heilend, also keineswegs zerstörerisch wirken?[133]

Esoterische Theorien und Praktiken drehen sich in hohem Maße auch um nichtpersonal gedachte Mächte und Energien. Das Gespräch mit der Esoterik kann sich hier substantiell fortentwickeln, wenn christliche Theologie den bereits angedeuteten Gedanken der Selbstentäußerung des Heiligen Geistes zu vertiefen und dialogisch einzubringen bereit ist – zumal der sich einerseits einem Grundanliegen christlicher Theologie und andererseits esoterisch-kabbalistischen Überlegungen verdankt.[134] Kraft seiner Kenosis wird der Heilige Geist in der Konsequenz ein Stück weit unkenntlich, unscharf, vielgestaltig,[135] auf sein Wesen hin weniger durchsichtig – und damit missdeutbar.[136] Sein Dienen bringt es mit sich, dass er im Status

---

132 Manfred Josuttis betont: »Bis heute haben Pfarrer und Pfarrerinnen, die, in der Regel nach inneren und äußeren Krisen, bei sich die Gabe der Krankenheilung entdecken, mit erheblichen Schwierigkeiten in der Landeskirche zu rechnen. ... Erst allmählich, angeregt durch ökumenische Erfahrungen und esoterische Erfolge, versucht man auch in den Landeskirchen, sich an das Charisma der Krankenheilung wieder heranzutasten« (Zur Handlungslogik religiöser Heilung, in: W. Ritter/B. Wolf [Hg.]: Heilung – Energie – Geist, Göttingen 2005, 269–283, hier 270).

133 Zutreffend ist die Beobachtung, dass Jesus magisches Heilungsverständnis, wo es ihm begegnet ist, nicht zurückgewiesen hat (Dorothea Greiner: Segen und Segnen, Stuttgart 1999², 125).

134 Nähere Erläuterungen bei Thiede, Sinn, Kap. XI und XII.

135 Vgl. Henri Boulad: Die tausend Gesichter des Geistes, hg. und übersetzt von H. Westenberger, Salzburg–Wien 2001.

136 In der Diskussion um das (Un-)Recht »natürlicher Theologie« zwischen Emil Brunner und Karl Barth hat Brunner explizit behauptet, dass es »zweierlei Offenbarung« gebe (Natur und Gnade, Tübingen 1935², 13): Diese Aussage lässt sich klärend auf die Unterscheidung von entäußertem und Christus offenbarendem Gottesgeist beziehen. Dann wird auch deutlich, inwiefern Brunner mit Recht unterstrichen hat: »Zur wahren Erkenntnis der ersten Offenbarung kommt man also nur durch die zweite«

seiner Selbstentäußerung sogar ein Stück weit missbrauchbar wird.[137] Er behält zwar seine Gestalt als kosmische Träger- und als schlechthinnige Lebensmacht, die von christlicher Theologie in eben diesem Sinne statt etwa esoterisch-monistisch[138] zu deuten wäre. Doch erscheint er dabei gewissermaßen in einer anonymisierten Rolle. So weiß man weder,»woher er kommt und wohin er fährt« (Joh 3,8), noch wer er wirklich ist. Anders wird das erst dort, wo der Glaube an Jesus Christus das Wesen Gottes trinitarisch erschließt und damit auch den»Weltgeist« als den – seinem verborgenen, innersten Wesen nach – Heiligen Geist des Gottes der Liebe kenntlich macht:»Der natürliche Mensch vernimmt nichts vom Geist Gottes; es ist ihm eine Torheit, und er kann es nicht erkennen; denn es muss geistlich verstanden sein. Der geistliche Mensch aber ergründet alles ...« (1. Kor 2, 14 f.).

Von daher lässt sich mit Wolfgang Schoberth formulieren:»Wo Gottes Geist, seine Energien, aber auch sein Angesicht gegenwärtig ist, da werden die Hoffnungen der Menschen aufgenommen, aber auch die Kriterien, mit denen wir Heil und Heilung beurteilen, neu in Bewegung gebracht.«[139] Im Neuen Testament ist klar: Heilungswunder haben erst dann ihren eigentlichen Sinn erfüllt, wenn durch sie nicht nur der Leib, sondern auch der Geist des betreffenden Menschen geheilt, nämlich in die eschatologisch-heile Gottesbeziehung gebracht ist. Im Gespräch mit der Esoterik muss christliche Theologie deutlich machen, dass und warum ganzheitliches Heilungsverständnis darauf zielt, dass des Menschen Geist mit Christi Geist ein Geist wird (1. Kor 6,17). Gleichzeitig muss sie sich freilich selbst von Esoteriker(inne)n und Charismatiker(inne)n verstärkt daran erinnern lassen, dass der Geist Jesu Christi auch heilender Geist ist und

---

(46). Denn die erste»Offenbarung« ist nun einmal missdeutbar – und insofern eigentlich keine richtige»Offenbarung« im engeren Sinn des Wortes.

137 In diesem Zusammenhang erhebt sich auch die Frage, ob das Heilungscharisma finanziell entlohnt werden sollte. Jesus untersagt das bekanntlich (Mt 10,8); der Theologe Josuttis bejaht es (Handlungslogik, 275 f.).

138 Hierfür sei besonders hingewiesen auf Lynne McTaggart: Das Nullpunkt-Feld. Auf der Suche nach der kosmischen Ur-Energie, München 2003. Ob»das Alpha und das Omega unserer Existenz« einfach ein pulsierendes Energiefeld ist und ob dieses»in der Sprache der Theologie als Heiliger Geist bezeichnet« werden kann – mit diesen und ähnlichen Problemen geisteswissenschaftlicher Art ist die naturwissenschaftlich sehr belesene Autorin freilich überfordert.

139 Schoberth, Geist, 262.

als solcher erkannt, verkündet und in Anspruch genommen werden will. Entsprechend viel gibt es systematisch- und praktisch-theologisch zu tun.[140]

---

140 »Der Reichtum der Handlungsmöglichkeiten im seelsorgerlichen und liturgischen Bereich (Gebet um Heilung, Gebetsgemeinschaften, Gottesdienste für Kranke, Krankensalbung, Krankensegnung mit Handauflegung, traditionelle und therapeutische Seelsorge usw.) ist bei weitem nicht ausgeschöpft« (Ulrich Fritsche: Art. Heilung/Heilungen, in: TRE 14 [1985], 768–774, hier 773). Dutzende von Kirchengemeinden bieten bereits persönliche Segnungen/Salbungen an. Im Evangelischen Kirchengesangbuch (Bayern/Thüringen) findet sich eine Ordnung für Segnung und Salbung (Nr. 873). Auch in der 1994 von der Kirchenleitung der VELKD herausgegebenen Agende für die Ev.-luth. Kirchen und Gemeinden (Bd. 3, Teil 4: »Dienst am Kranken«) sind Ordnungen für Krankensegnung und -salbung zu finden. Hilfreich ist ein neues Grundsatzpapier von Reinhard Hempelmann u. a.: Christliche Identität, alternative Heilungsansätze und moderne Esoterik, in: Materialdienst der EZW 70 (2007), 104 ff, 133 ff.

C. Unsterblichkeit:
Reinkarnation oder Auferstehung?

THESE: Christliche Theologie hat gegenüber der Esoterik die biblisch legitime und noch kurz vor der Reformation dogmatisierte Lehre von der Unsterblichkeit der Seele im Sinne einer personalen Kontinuität über den Tod hinaus neu ins Gespräch zu bringen, um gleichzeitig die Funktionalisierung solch urmenschlicher Hoffnung zu Gunsten der immer beliebter werdenden Seelenwanderungs- und Karma-Theorie argumentativ abzuweisen – nicht zuletzt mit Blick auf einschlägige »Sondererfahrungen« reinkarnatorischen Anscheins.

1. Zwischen Ganztod-Theologie und Seelenwanderungstheorie

Ronald Zürrer konstatiert 1989 in seinem Buch über »Reinkarnation«: »In den vergangenen Jahren sind in unserem Kulturkreis mehr Bücher über dieses Thema veröffentlicht worden als je zuvor, und Begriffe wie ›Wiedergeburt‹, ›Seelenwanderung‹, ›frühere Leben‹ ... oder eben ›Reinkarnation‹ sind nicht mehr nur den Indologen, Esoterikern und Parapsychologen bekannt, sondern gehören mittlerweile zum allgemeinen Wortschatz.«[1] Wie zutreffend diese Beobachtung ist, mag eine Presse-Meldung von 1996 illustrieren: Ab einer Mindesteinlage von 200.000 Mark sei es bei der liechtensteinischen »Stiftung Prometh« möglich, sich für seine Hinterlassenschaft als eigener Erbe in einer späteren Existenz eintragen zu lassen.[2] Auch die Werbe-Industrie setzt den Bekanntheitsgrad der Reinkarnationsthematik voraus. So textete vor einiger Zeit die Weißblech-Industrie zwecks

---

1   Ronald Zürrer: Reinkarnation. Die umfassende Wissenschaft der Seelenwanderung, Wien 1989, 1.

2   Vgl. Axel Wolfsgruber: Wer's glaubt, zahlt. Die Stiftung Prometh bietet einen speziellen Service, in: FOCUS 41/1996, 122; Helmut Zander: Geschichte der Seelenwanderung in Europa, Darmstadt 1999, 596.

Förderung des Dosen-Recyclings in einer Annonce augenzwinkernd: »Unter Hypnose erinnern sich 81 Prozent aller Dosen an ein früheres Leben.«[3] Wie verbreitet, wie tief verwurzelt muss die Reinkarnationsidee einschließlich ihrer esoterischen Anwendungspraxis in unserer Gesellschaft bereits sein, damit derartige Bezugnahmen auf sie möglich sind!

Gerade auch Religionslehrerinnen und Religionslehrern wird das geläufig sein. Als ich vor etlichen Jahren in Bayern unter rund 900 evangelischen Schülerinnen und Schülern der Primar- und der Sekundarstufen I und II eine Umfrage zum Thema »Leben nach dem Tod« durchführte, stellte sich heraus: »Reinkarnation« war die führende Vorstellung, zu Gunsten derer alternative Vorstellungen explizit verneint wurden. Sie lag mit über 21 Prozent noch vor der christlichen Auferstehungshoffnung und war relativ gleichmäßig über alle Altersstufen und Schularten verteilt.[4] Diese Zahl entspricht diversen Umfrageergebnissen unter Erwachsenen während der letzten Jahrzehnte in Europa und den USA: Im Gesamtdurchschnitt glauben rund 20 Prozent der Bevölkerung an Reinkarnation.[5] Das gilt auch für Deutschland[6], wo kaum noch 40 Prozent überhaupt mit einem Fortleben nach dem Tod rechnen.[7] Demnach neigt rund die Hälfte aller über den Tod hinaus Hoffenden zum Reinkarnationsglauben, während die andere Hälfte in unterschiedliche, nur teilweise christliche Überzeugungsvarianten zerfällt. Man führe sich das Resultat vor Augen: In unserem christlichen oder wohl doch schon nachchristlichen Abendland dürfte mittlerweile der

---

3 Vgl. die Abbildung der Anzeige bei Zander, a. a. O., 597.

4 Vgl. Werner Thiede: Auferstehung der Toten – Hoffnung ohne Attraktivität? Göttingen 1991, 278.

5 Von einer 1982 abgeschlossenen Umfrage der European Value Systems Study Group (EVSSG) berichtet Richard Friedli: Zwischen Himmel und Hölle – Die Reinkarnation, Freiburg/Schweiz 1986, 20 ff. Vgl. ferner Karl-Fritz Daiber: Über die Zukunft nach dem Tode. Vorstellungen in der Gesellschaft der Bundesrepublik, in: Lutherische Monatshefte 24 (1985), 504–508. Über neuere Umfrageergebnisse mit entsprechenden Resultaten informieren Zander, a. a. O., 598 ff. und die vierte EKD-Erhebung über Kirchenmitgliedschaft (2006), 470 f.

6 Diese Annahme bestätigen aufs Ganze gesehen diverse Umfragen, auch wenn ihre Ergebnisse im Einzelnen differieren (vgl. z. B. Fremde Heimat Kirche, hg. von K. Engelhardt u. a., Gütersloh 1997, 413 f.). Vgl. auch Rüdiger Sachau: Weiterleben nach dem Tod? Warum immer mehr Menschen an Reinkarnation glauben, Gütersloh 1998.

7 Im wiedervereinigten Deutschland liegt die Zahl einer repräsentativen Umfrage des Institutes für Demoskopie Allensbach von 1992 zufolge bei nurmehr 37 %. Dagegen wies die Emnid-Umfrage »Was glauben die Deutschen« (München 1968, 81) noch eine Parität von je 48 % Bejahungen und Verneinungen eines Lebens nach dem Tod auf.

Gedanke an Wiederverkörperung angesichts des Todes das führende religiöse Hoffnungsmodell darstellen! Das bedeutet eine revolutionäre Änderung unserer Kulturlage. Denn genuin christlich ist der Reinkarnationsglaube nie gewesen. Die Heilige Schrift lehrt ihn an keiner Stelle;[8] nur unter Ablehnung wissenschaftlicher Exegese ließe sich Anderes behaupten.[9] Muss sich christliche Theologie nun darob beunruhigen? Der Münchener Theologieprofessor und Religionswissenschaftler Michael von Brück verneint das: »Die christliche Erlösungsbotschaft ändert sich nicht, ob sie sich denn auf ein oder mehrere zeitlich begrenzte Leben bezieht«.[10] Stichhaltig wäre diese Behauptung allerdings nur dann, wenn der Begriff der Reinkarnation bzw. der Seelenwanderung in unserer Gesellschaft nicht selbst – implizit oder explizit – so etwas wie eine Erlösungsbotschaft enthielte. Dass sich hier aber in der Tat allemal ein soteriologisches, also die Heilsfrage betreffendes Konkurrenzverhältnis auftut,[11] ist schwerlich zu übersehen.

Christliche Theologie steht einigermaßen ratlos vor diesem Phänomen. Sie weiß es zwar zu beschreiben und mit religionssoziologischem Impetus zu analysieren,[12] mitunter auch apologetisch in den Blick zu neh-

---

8   Vgl. Karl Hoheisel: Glaube an die Seelenwanderung im frühen Christentum(?) in: Materialdienst der EZW 49 (1986), 188–196; Leo Scheffczyk: Der Reinkarnationsgedanke in der altchristlichen Literatur, München 1985; Herbert Frohnhofen: Reinkarnation und frühe Kirche, in: StZ 207 (1989), 236–244; Zander, a. a. O., 119 ff.

9   Unsäglich ist z. B. das sektiererische Buch von Hermann Bauer: Wiedergeburt. Du warst schon öfters auf dieser Erde, Würzburg 1983. Der Philosophieprofessor Geddes MacGregor ist zwar anglikanischer Priester, argumentiert aber theologisch höchst fragwürdig in seinem Buch »Reinkarnation und Karma im Christentum« (München 1980). Was aus dem Opus von Till Arend Mohr (Kehret zurück, ihr Menschenkinder! Die Grundlegung der christlichen Reinkarnationslehre, Grafing 2004) zu kritisieren wäre, habe ich dargelegt in ThLZ 131 (2006), 203 f.

10   Michael von Brück: Neue Spiritualität und christliche Frömmigkeit, in: J. Mehlhausen (Hg.): Pluralismus und Identität, Gütersloh 1995, 169–179, hier 176.

11   Berthold W. Köber macht es sich konzeptanalytisch zu leicht, wenn er bemerkt: »Es gibt keine einheitliche Lehre von der Reinkarnation, sondern eine Vielzahl von verschiedenen Erscheinungsformen, Ausprägungen und Vorstellungen, die auch individuell variieren und deshalb auf keinen gemeinsamen Nenner gebracht werden können« (»In meinem früheren Leben war ich eine Nonne«. Zur Auseinandersetzung mit der Reinkarnationsvorstellung, in: KuD 45 [1999], 270–283, hier 271 f.).

12   Vgl. evangelischerseits Rüdiger Sachau: Westliche Reinkarnationsvorstellungen, Gütersloh 1996; katholischerseits Norbert Bischofberger: Werden wir wiederkommen? Mainz-Kampen 1996.

men[13], hat aber selten überzeugende geistig-geistliche Alternativen aus eigenem Denken anzubieten. Das liegt vor allem an der bis heute anhaltenden Vorherrschaft der sogenannten »Ganztod-Theologie«: Sie hat im Laufe des 20. Jahrhunderts die protestantische Theologie stark beeinflusst,[14] randständig sogar die katholische Theologie. Im Wesentlichen besagt sie, dass der Mensch mit Leib und Seele, also ganz und gar sterbe und erst am Jüngsten Tage aus dem Gedächtnis Gottes wieder ganzheitlich auferweckt werde.

Das edle Motiv dieser eschatologischen Richtung besteht in der Konzentration allein auf Gottes Erlösungshandeln. Sie verkennt aber dabei sträflich das Gewicht von Gottes Schöpferhandeln und seines Wesens als Liebe, das jedenfalls der menschlichen Kreatur selbst im Tode Kontinuität gewährt, mag dies auch nur eingeschränkt der Fall sein und ein Gerichtshandeln mit einschließen. Sie verkennt nicht zuletzt den Umstand, dass die Heilige Schrift weder im Einzelnen noch im Gesamten eine derartige Ganztod-Theologie stützt. Anderslautende Behauptungen, wie sie beispielsweise auch im Blick auf Martin Luther zu Unrecht aufgestellt worden sind, lassen sich nur als ideologische Verblendung erklären. Faktisch handelt es sich bei der Ganztod-Theologie um ein modernes Konstrukt, das dem Denken des säkularen Menschen entgegenkommen soll, ohne das wirklich leisten zu können; denn auch die Zeitgenossen des 20. und 21. Jahrhunderts gehen entweder davon aus, dass mit dem Tod ein- für allemal alles aus ist, oder – und diese Gruppe ist annähernd gleich groß – sie neigen dazu, irgendeine Kontinuität im Tod anzunehmen. Ein beide Sichtweisen synthetisierendes Konstrukt wie die Ganztod-Theologie, die Kontinuität allein über das Gedächtnis Gottes herstellen will, verlangt mindestens ebenso viel Glauben wie die in der ganzen Menschheit so oder

---

13   Siehe z. B. Gisbert Greshake: Tod – und dann? Ende – Reinkarnation – Auferstehung, Freiburg i. Br. 1988; Jan Badewien: Reinkarnation – Treppe zum Göttlichen? Neukirchen-Vluyn 1994; Reinhart Hummel: Reinkarnation. Weltbilder des Reinkarnationsglaubens und das Christentum, Freiburg i. Br. 2000³.

14   Ihr sind die besten theologischen Köpfe zuzurechnen – von Paul Althaus über Karl Barth bis hin zu Wolfhart Pannenberg, Eberhard Jüngel und Jürgen Moltmann (vgl. näherhin meine Dissertation: Auferstehung, a. a. O., Kap. IV). Althaus und Moltmann haben später allerdings umgedacht (vgl. Paul Althaus: Retraktationen zur Eschatologie, in: ThLZ 75 [1950], 253– 260, bes. 257; Jürgen Moltmann: Liebe – Tod – Ewiges Leben, in: H. Becker u. a. [Hg.]: Im Angesicht des Todes, Bd. 2, St. Ottilien 1987, 837–854; ders.: Das Kommen Gottes, Gütersloh 1995).

so verbreitete Annahme einer seelischen, wie auch immer im Einzelnen vorgestellten Kontinuität. Dass Letztere weniger fromm wäre als die Überzeugung der Ganztod-Theologie, ist als pauschale Aussage nicht haltbar, weil auch die Kontinuitätsthese sehr wohl schöpfung- und erlösungstheologisch begründet sein kann. So hat Luther die zu seinen Lebzeiten, aber noch vorreformatorisch, nämlich 1513, dogmatisierte Lehre von der Unsterblichkeit der Seele in aller Eindeutigkeit bejaht, sie jedoch nicht philosophisch, sondern theologisch, näherhin christologisch zu stützen versucht. Christi Erlösungstod ist es demnach, der es bewirkt, dass »er alle andere Toten getauft hat, dass sie nicht Tote, sondern Schläfer heißen ...«[15].

Von daher kann Luther schlicht sagen: »Was ist's, dass wir uns viel bekümmern um andere oder gleich selber sterben und begraben werden? Stirbt doch nur ein Mensch – und dennoch nicht der ganze Mensch, sondern das eine Stück allein, der Leib!«[16]

»Nicht der ganze Mensch« stirbt also nach reformatorischer Überzeugung – darin war Luther mit Zwingli und Calvin ebenso einig wie mit der gesamten katholischen Theologie. Das moderne Konstrukt der Ganztod-Theologie, die den Tod als einen radikalen Abbruch im Sinne ontologisch-personaler Diskontinuität versteht, ist weder biblisch noch reformatorisch fundiert – und im Übrigen auch tiefenpsychologisch abwegig. So konnte Sigmund Freud das Verhältnis des Unbewussten zum Tod in Analogie zur Auffassung des vorgeschichtlichen Menschen interpretieren: »Unser Unbewußtes glaubt nicht an den eigenen Tod, es gebärdet sich wie unsterblich. Was wir unser ›Unbewußtes‹ heißen, die tiefsten, aus Triebregungen bestehenden Schichten unserer Seele, kennt überhaupt nichts Negatives, keine Verneinung – Gegensätze fallen in ihm zusammen – und kennt darum auch nicht den eigenen Tod, dem wir nur einen negativen Inhalt geben können.«[17] Freud zufolge ist also der je eigene Tod für die menschliche Psyche »unvorstellbar, und sooft wir den Versuch dazu machen, kön-

---

15 WA 36, 241, 17 f.

16 Ausführlich dazu Werner Thiede: Luthers individuelle Eschatologie, in: Lutherjahrbuch 49 (1982), 7–m49; ders.: Nur ein ewiger Augenblick. Luthers Lehre vom Seelenschlaf zwischen Tod und Auferweckung, in: Luther 64 (1993), 112–125; Fritz Heidler: Die biblische Lehre von der Unsterblichkeit der Seele. Sterben, Tod, ewiges Leben im Aspekt lutherischer Anthropologie, Göttingen 1983.

17 Sigmund Freud: Zeitgemäßes über Krieg und Tod (1915), in: ders.: Kulturtheoretische Schriften, Frankfurt a. M. 1986, 33–60, hier 56.

nen wir bemerken, daß wir eigentlich als Zuschauer weiter dabeibleiben. So konnte in der psychoanalytischen Schule der Ausspruch gewagt werden: Im Grunde glaube niemand an seinen eigenen Tod oder, was dasselbe ist: im Unbewußten sei jeder von uns von seiner Unsterblichkeit überzeugt.« Auch C. G. Jung und seine Schule urteilen analog. Damit erklärt sich tiefenpsychologisch, warum der Mensch sich mit der Perspektive »Ganztod« schwertut, warum er also die seit über einem Jahrhundert von soziologischer, philosophischer und theologischer Seite kritisch beschriebenen Wege zur Tabuisierung des Todes[18] aus innerstem Antrieb beschreitet: Er muss entweder über den Tod hinaus hoffen können – oder ihn verdrängen! Demgemäß zeigt sich der Psychoanalytiker Ernest Becker überzeugt, dass »die Furcht vor dem Tode ein universelles Phänomen« ist, das den Menschen »wie nichts sonst« prägt und als maßgeblicher Faktor in seiner Kulturbildung wirksam wird.[19] Eine amerikanische Forschergruppe hat die hieraus resultierende *Todesangst-Bewältigungstheorie* mittlerweile experimentell überprüft und bestätigt.[20] Das Bewusstsein der Endlichkeit wirft die Frage nach dem Unendlichen notgedrungen auf und drängt auf gestaltende Antwort. Es ist dies ein nicht nur unbewusstes, sondern ein auch rational völlig legitimes Fragen, wie schon Immanuel Kant betont hat.[21]

Kant hat freilich auch deutlich gemacht, dass der hiermit frei werdende Raum zum Glauben nicht bloße Irrationalität legitimieren sollte. Sein Vorschlag eines »Vernunftglaubens« bleibt allerdings seinerseits geschichtlich bedingt und spekulativ.[22] Ohne Glauben kommt man angesichts der sehr

---

18   Hierzu Werner Thiede: Tabuisierung des Todes im 21. Jahrhundert?, in: BThZ 21 (2004), 206–225.

19   Ernest Becker: Dynamik des Todes. Die Überwindung der Todesfurcht – Ursprung der Kultur, Olten-Freiburg i. Br. 1976, 9. W. H. Riehl formulierte bereits im 19. Jahrhundert: »Dieser Kampf gegen den Tod ist es, durch welchen der Tod zur mächtigsten bewegenden Kraft in allem menschlichen Leben wird« (Religiöse Studien eines Weltkindes, Stuttgart 1895, 32).

20   Vgl. Hermann Vogt: Todesangst prägt die Kultur mit. Entdeckungen amerikanischer Psychologen, in: Lutherische Monatshefte 29 (1990), 402-404.

21   Der Mensch trägt laut Kants »Kritik der reinen Vernunft« (1787²) von Natur aus den Impuls in sich, über sich selbst und den Horizont der sichtbaren Welt hinauszufragen. Der Philosoph unterstreicht, dass derlei Fragen als solche legitim seien: »Die menschliche Vernunft geht unaufhaltsam, ohne das bloße Eitelkeit des Vielwissens sie dazu bewegt, durch eigenes Bedürfnis getrieben bis zu solchen Fragen fort, die durch keinen Erfahrungsgebrauch der Vernunft ... beantwortet werden können.«

wohl vernünftigen Fragen über die Grenzen menschlicher Sinnenwelt hinaus eben nicht aus. Das Einzige, was hier rational noch hilfreich sein kann, ist – im Unterschied zur pseudorationalen bzw. pseudowissenschaftlichen Esoterik – die den Glauben selbst theoretisch wie praktisch bedenkende Wissenschaft namens Theologie. Wenn nun aber diese Wissenschaft ihrerseits meint, sie müsse sich weltanschaulich der Rationalität und Säkularität anpassen, statt mit ihrer Vernunft der Spiritualität des Glaubens zu dienen, dann kommt es zu Fehlentwicklungen wie der Ganztod-Theologie. Und das ist deswegen im Endresultat tragisch zu nennen, weil damit den Menschen mit ihren Glaubensfragen kaum mehr hinreichend gedient ist. Die nicht nur in den Hörsälen, sondern an den Gräbern inzwischen millionenfach transportierte Ganztod-Theologie hat ein spirituelles Vakuum geschaffen, in das die Esoterik problemlos vorstoßen konnte, ja geradezu hineingesaugt wurde.

Die Esoterik nämlich versteht sich als Garant der nach ihren Maßstäben auch empirisch aufweisbaren Wahrheit der Seelenunsterblichkeit. Diese Wahrheit hat ihre Evidenz im Paradigma eines spirituellen Monismus: Wo klar ist, dass alles in göttlicher Energie fließt, ja, dass alles letztlich aus göttlicher Energie besteht, und zwar insbesondere die »Seelen« in ihrem substantiellen Kern, dort macht es keinen Sinn, den Tod als radikalen Abbruch zu deuten. Offen bleibt jedoch zunächst innerhalb des esoterischen Systems, ob sich die kontinuierlich wandernde Seele jenseits des Todes in Sphären bewegt, die immer höher hinein in göttliche Dimensionen und damit immer weiter weg von der irdischen Existenz führen, oder ob sie immer wieder auf die Erde zurückkehren muss, um spirituell zu reifen und gegebenenfalls – wie das die aus östlichen Religionen stammende Karma-Theorie[23] besagt – Schuld abzutragen bzw. belohnt zu werden. Was diese Alternative anbetrifft, hat sich in der gängigen Esoterik des letzten halben Jahrhunderts eindeutig die letztere Variante nahezu zur Alleinherrschaft erhoben, und zwar tatsächlich unter merklichem Einfluss östlicher Denkweisen mit vereinfachter Karma-Theorie. Es verwundert nach

---

22   Vgl. insgesamt W. Thiede (Hg.): Glauben aus eigener Vernunft? Kants Religionsphilosophie und die Theologie, Göttingen 2004; darin besonders meinen Aufsatz »Gnade als Ergänzung? Zur Aporetik der Kantschen Rekonstruktion von Soteriologie und Christologie« (67–112).

23   Vgl. Edmund Runggaldier: Philosophie der Esoterik, Stuttgart 1996, 183 ff.

allem bereits Gesagten nicht, dass sich diese Entwicklung im Westen weitestgehend jenseits von Kirche und Theologie vollzogen hat – eben mit dem Ergebnis, dass heute in unseren Breitengraden mehr Menschen an Seelenwanderung bzw. »Reinkarnation« glauben als an Inhalte christlicher Eschatologie. Dazu hätte es freilich kaum kommen können, wenn sich nicht der Reinkarnationsgedanke als solcher im Abendland bereits seit über vier Jahrhunderten den Weg gebahnt hätte.

2. Der Reinkarnationsglaube in seiner abendländischen Geschichte

Zum führenden Hoffnungsmodell angesichts der Todesfrage ist der Reinkarnationsglaube im Abendland erst auf Grund eines jahrhundertelangen Prozesses avanciert. Die Christentumsgeschichte kannte ihn bis zum Beginn der Neuzeit nur ganz am Rande.[24] So hat es das in diesem Zusammenhang gern zitierte Konzil von Konstantinopel im Jahre 553 mitnichten nötig gehabt, den Reinkarnationsglauben »abzuschaffen«; vielmehr hat es lediglich die mit ihm allerdings verwandte spiritualistische Vorstellung aus der Schule des Kirchenvaters Origenes verurteilt, es gebe präexistente Seelen, die bei der Entstehung von Menschen aus dem Himmel herabkämen. Origenes selbst hatte in jüngeren Jahren an eine Wiederverkörperung der Seele in anderen, höheren Welten geglaubt, sich aber später auf Grund seiner Schriftstudien ausdrücklich gegen den Reinkarnationsglauben ausgesprochen. In der mittelalterlichen Kultur war der Seelenwanderungsgedanke allenfalls von marginaler Bedeutung gewesen.

Populär zu werden begann er erst langsam seit dem Beginn der Neuzeit. Dabei entwickelte er gegenüber östlichen Traditionen ein eigenes Profil: Wie Rüdiger Sachau in seiner Dissertation über »Westliche Reinkarnationsvorstellungen« darlegt, müssen diese »als eine eigenständige religiöse

---

24 In einigen gnostischen Sekten tauchte er auf, so bei den Karpokratianern und den Basilidianern. Interessanterweise erblickten aber diese beiden häretischen Gruppen in dem mit der Reinkarnation verbundenen Karmadenken den Ausdruck einer auf niedere Wirklichkeitsebenen beschränkten Gerechtigkeit, die mit dem Konzept des unbedingt guten Gottes der Liebe nicht auf eine Stufe zu stellen sei; die Vergeltungspädagogik des Karmadenkens wurde von den Gnostikern also ähnlich kritisch betrachtet wie die »Gesetzlichkeit« des Alten Testaments.

Neubildung verstanden werden.«[25] Zu den Charakteristika westlichen Reinkarnationsglaubens gehörte von Anfang an eine soteriologische Komponente. Das hat seine innere Logik, denn wer immer eine Vielzahl von Leben für dieselbe Seele behauptet, wird dafür irgendeinen Zweck anzugeben geneigt sein – und der hat dann naturgemäß mit dem Heil dieser Seele zu tun. Wie sich diese soteriologische Zweckbeschreibung historisch bis in unsere Zeit hinein entfaltet hat, sei im Folgenden skizziert.

Es begann im Jahre 1684: Damals veröffentlichte der christliche Kabbalist *Franciscus M. van Helmont* (1614–1699) sein aufsehenerregendes Alterswerk unter dem Titel: »Zweihundert Fragen betreffend die Lehre von der ›Revolution‹ der menschlichen Seelen und ihre Übereinstimmungen mit den Wahrheiten des Christentums«.[26] Unter »Seelenrevolution« verstand er nicht einfach »Seelenwanderung«. Vielmehr meinte er damit: Die Menschen kommen mehrfach, nämlich in immer höheren Welten »wieder, um in mehreren Anläufen ihre Erlösung zu bewerkstelligen respektive daran mitzuwirken.«[27] Van Helmonts europaweit diskutierte Thesen bildeten eine einschneidende kulturgeschichtliche Zäsur, denn bis zu ihnen lässt sich »keine Attraktivität der Seelenwanderungsvorstellungen nachweisen.«[28] Der plötzliche Erfolg erklärt sich insbesondere durch die positive Interpretation der Wiederverkörperungsidee: Im Unterschied zu den dualistischen Systemen östlicher und antiker Religiosität lautete das Leitmotiv nicht mehr »Strafe«, sondern nunmehr »Fortschritt«[29]! Der so gefasste Reinkarnationsgedanke entlastete von mittelalterlichen Höllendrohungen und ermutigte das religiöse Subjekt, den Blick nach vorn zu wagen. Die »Neuzeit« hatte begonnen, und sie ging nicht allein mit einer Säkularisierung, sondern zeitweise auch mit einer Spiritualisierung christlicher Hoffnungstraditionen[30] einher. Der »neue Äon« der einst christlich

---

25 A. a. O., 74.
26 Vgl. näherhin Zander, a. a. O., 257 ff. »Erstmals wird in der nachantiken europäischen Ideengeschichte eine Wiederverkörperungslehre propagiert ...« (260).
27 Zander, a. a. O., 263. Was sich van Helmont noch in Gestalt spiritualistisch abgestufter Welten vorstellte, dachte man sich alsbald als unterschiedliche Planetenwelten innerhalb desselben Universums.
28 Zander, a. a. O., 273.
29 Dass diese bekannte Unterscheidung auf beiden Seiten Ausnahmen kennt, betont Friedrich Huber: Die Reinkarnationsvorstellungen in den asiatischen Religionen und im Europa des 20. Jahrhunderts, in: ZRGG 44 (1992), 15–32, bes. 17–22.
30 Das lässt sich insbesondere an der Gestalt Swedenborgs zeigen (vgl. Christoph

verstandenen Heilszeit wurde zum Land des wissenschaftlich-technisch zu erringenden »ewigen Fortschritts«; mit ihm konnte sich ein spiritualistischer Fortschrittsglaube in Gestalt einer positiv verstandenen Seelenwanderungsvorstellung sinnig verknüpfen. Noch war dabei für van Helmont die Bemühung um Einbettung des neuen Konzepts in die christliche Tradition selbstverständlich. Er versuchte sie auf dem Gebiet der Lehre von den »Letzten Dingen«: Seiner Eschatologie zufolge zieht die Seele im Zuge ihrer erneuten Inkarnation mittels magnetischer Kräfte die Materiepartikel ihres früheren Körpers in sich hinein, wo auch immer sie im Universum verstreut sein mögen. Die Wiederverkörperung geschieht insofern gewissermaßen in die gleichen Körper hinein. Solche materielle Identität der »Revolutionskörper« war für van Helmont ein entscheidendes Argument zu Gunsten der Vereinbarkeit mit der die Leiblichkeit hochhaltenden christlichen Hoffnungslehre. Großzügig überging er indessen die spirituelle Differenz zur christlichen Soteriologie: Dass die Reinkarnationen ihren Zweck darin haben sollten, Stück für Stück an der eigenen Erlösung mitzuwirken, war mit dem radikalen Gnadenverständnis des Neuen Testaments nicht kompatibel. Dieser Umstand bildete jedoch schon kein Hindernis mehr für die neuzeitliche Entfaltung des positiv gefassten Seelenwanderungskonzepts.

Nach rund einem Jahrhundert langsamer, aber stetiger Zunahme der Bekanntheit und Beliebtheit des Reinkarnationsgedankens in Europa verlieh ihm *Gotthold Ephraim Lessing* (1729-1781)[31] neue Schubkraft. Mit seiner Schrift »Die Erziehung des Menschengeschlechts« von 1780[32] bahnte

---

Bochinger: »New Age« und moderne Religion, Gütersloh 1994, 262 ff.), der allerdings die Reinkarnationsidee noch ablehnte (vgl. E. Swedenborg: Arcana coelestia, Nr. 2477). Im Jahre 1758 erschien Swedenborgs »Himmel und Hölle«, wo in Abschnitt Nr. 256 eine Alternativerklärung zu vermeintlich reinkarnatorischen Erinnerungen gegeben wurde.

31 Vgl. Zander, a. a. O., 337; zum Folgenden 343 ff. Mit Recht weist Zander darauf hin, dass Lessing »kein einsamer Denker«, sondern ein »einfühlsamer Popularisator« des dem Zeitgeist Gemäßen war (366). Wichtig in diesem Zusammenhang ist die Dissertation von Daniel Cyranka: Lessing im Reinkarnationsdiskurs. Eine Untersuchung zu Kontext und Wirkung von G. E. Lessings Texten zur Seelenwanderung (KKR 49), Göttingen 2005 (dazu meine Rezension in: ThLZ 131 [2006], 1248-1250). Vgl. ferner Thiede, Auferstehung, 101 f.; Sachau, a. a. O., 77 ff.

32 Lessings Schrift ist »das klassische Dokument für die Reinkarnationslehre, geschaffen aus neuzeitlichem Bewußtsein, das nur eigene Erfahrung und Vernunft als

ihm einer der profiliertesten Vertreter der deutschen Aufklärung endgültig den Weg ins Geistesleben der Moderne. In den Schlussparagraphen heißt es: »Warum sollte ich nicht so oft wiederkommen, als ich neue Kenntnisse, neue Fertigkeiten zu erlangen geschickt bin? Bringe ich auf Einmal so viel weg, daß es der Mühe wieder zu kommen etwa nicht lohnet? ... Ist nicht die ganze Ewigkeit mein?« Lessings positive Gestimmtheit erklärte sich spürbar von seinem Rückbezug auf van Helmont her:[33] Dessen Lektüre hatte ihm in den Jahren zuvor geholfen, den Tod seines Sohnes und seiner Frau zu verarbeiten. Mit jenem Vordenker teilt er die Zielvorstellung einer menschlicherseits zu bewerkstelligenden Vervollkommnung: Vom Erwerb »neuer Fertigkeiten« sprach er ebenso wie von der Mühe und dem Sich-Lohnen des Wiederkommens, also von letztlich soteriologisch gemeinten Aufgaben dessen, dem ja doch die Gabe der Ewigkeit eignet. Aber im Gegensatz zu van Helmont stellte er sich die Wiederverkörperungen nicht in diversen, dem Göttlichen immer gemäßeren Welten vor, sondern tatsächlich als Wanderungen der Seelen innerhalb derselben Weltzeit, derselben Menschheit. Spiritueller Fortschritt war zu einer pädagogischen Angelegenheit für die diesseitige Wirklichkeit geworden: In ihr sah Lessings »esoterische Theologie«[34] das große Rad sich drehen, das das Menschengeschlecht als Ganzes »seiner Vollkommenheit näher bringt«[35]. Auch hier begegnet ein Restgehalt überkommener christlicher Eschatologie, nämlich der Gedanke einer individuellen wie universalen Vollendung. Keine Rede vom östlichen Reinkarnationskonzept mit dessen »Rad der Wiedergeburten«, dem es schlicht zu entfliehen gilt! Indem Lessing aber das Gottesprädikat der Vollkommenheit als autonom zu erstrebendes Ziel des Menschen proklamierte, bedurfte er keiner neutestamentlichen Gnadenbotschaft mehr. Stattdessen weckte er die Erwartung, dass die Annahme der Seelenwanderung die verschiedenen Religionen in den sich wieder und wieder verkörpernden Individuen auf die Dauer zusammenschließen und auf diese Weise die religiöse Toleranz fördern würde.

Grundlage für die Erfassung von Welt, Erde und Mensch anerkennt« (Johannes Hemleben: Jenseits, Reinbek 1975, 130).

33 Vgl. Zander, a. a. O., 271.

34 Helmut Thielicke: Vernunft und Offenbarung. Eine Studie über die Religionsphilosophie Lessings, Gütersloh 1936, 54.

35 Siehe § 92 der »Erziehung des Menschengeschlechts«.

Im Gefolge Lessings wurde der Reinkarnationsgedanke öffentlich immer mehr diskutiert. Aber von einer regelrechten Popularität im Abendland zu sprechen, wäre selbst noch im Gefolge der buddhismus-nahen Philosophie Arthur Schopenhauers übertrieben gewesen. Auf dem Vormarsch war in der ersten Hälfte des 19. Jahrhunderts vielmehr der Materialismus, der sich den idealistischen Rettungsversuchen der Seele widersetzte und mit zunehmender Religionskritik einherging. Von daher konnte sich der westliche Reinkarnationsglaube nur halten, indem er sein Konzept nach Möglichkeit auf das Gebiet des Erfahrbaren transferierte. Und das lag ja durchaus auf seiner Linie: Das autonome Subjekt, dem die Fähigkeit zugeschrieben wurde, auf dem Weg der Seelenwanderung an der eigenen Erlösung mitzuwirken, musste potenziell auch in der Lage sein, die Grenzen zwischen Materie- und Geisteswelt zu transzendieren.

So setzte sich um die Mitte des 19. Jahrhunderts als Gegenbewegung gegen den Materialismus der Spiritismus auf breiter Front durch, und per Kontaktaufnahme mit den Geistern Verstorbener wurde der Reinkarnationsgedanke alsbald bewahrheitet. Es war namentlich der Pariser Pädagoge *Hippolyte Denizart Rivail* (1804–1869),[36] der unter dem Namen *Allan Kardec* 1857 die ihm zuteil gewordenen Geister-Offenbarungen in einem einschlägigen Buch zusammenfasste. »Reinkarnation« – dieser Begriff geht auf ihn zurück – erhielt eine Art Fegfeuer- bzw. Läuterungsfunktion und diente soteriologisch dem Abbüßen menschlicher Fehler.[37] Das philosophisch-weltanschauliche Konzept verriet Einflüsse van Helmonts und Lessings, indem es das Vollkommenheitsziel und den spirituell integrierten Fortschrittsgedanken enthielt. Von »höheren Geistern« belehrt, vertrat Kardec die Überzeugung: »Gott hat alle Geister einfach und unwissend, d. h. ohne Kenntnisse geschaffen. ... Alle werden vollkommen werden; aber

---

36 Er bestimmte den traditionellen »Spiritualismus«-Begriff als unzureichend, weil der damit ausgedrückte Vorzug des Geistes vor der Materie noch nicht notwendig die Existenz von Geistern und die Möglichkeit einer gegenseitigen Kontaktaufnahme zwischen Diesseits und Jenseits besagte. Der Spiritismus-Begriff, von dem englischen Wort »spirit« her gedacht, sollte fortan eben diese okkulte Überzeugung signalisieren.

37 Allan Kardec: Das Buch der Geister (1857), Leipzig 1903², 65 ff. und 393. Die gesetzliche Auffassung Kardecs geht aus seinem Schlusswort deutlich hervor: »Jesus kam, um den Menschen den Weg des wahren Guten zu zeigen; warum sollte Gott, der ihn gesandt hatte, um sein verkanntes Gesetz wieder zur Geltung zu bringen, heutzutage nicht die Geister senden ...?« (411).

es dauert lange, bis sie sich ändern ... Wir bekommen alle mehrere Existenzen. Diejenigen, welche euch das Gegenteil sagen, wollen euch in der Unwissenheit, in der sie selbst sind, erhalten; das ist ihr Wunsch.«[38] Wie freilich die letzte Bemerkung illustriert, war und blieb die Wahrheit der »Reinkarnation« weiterhin selbst unter Spiritisten umstritten.[39]

Dieser Zwiespalt kam auch bei *Helena Petrovna Blavatsky* (1831–1891)[40] zum Tragen. Sie hatte, von zahllosen spiritistischen Erfahrungen geprägt, 1875 zusammen mit Henry Olcott und anderen die »Theosophische Gesellschaft« gegründet. Angeblich erhielt sie ihre Weisheitsoffenbarungen von höher entwickelten Meistern zugespielt. Ihr zweibändiges Werk »Isis entschleiert« von 1877 hatte noch den Vorstellungsrahmen eines jenseitigen Höhersteigens bevorzugt und Seelenwanderung lediglich in Ausnahmefällen am Werk gesehen.[41] Im Jahre 1880 jedoch war sie zusammen mit Olcott zum Buddhismus konvertiert. Seitdem bekannte sie sich konsequent zu dem von östlicher Religiosität hochgehaltenen Gesetz von Karma und Reinkarnation: »Wir glauben an ein niemals irrendes Gesetz der Vergeltung, Karma genannt ... Wir glauben aber weder an eine stellvertretende Sühne noch an die Möglichkeit eines Nachlasses auch nur der kleinsten Sünde durch irgendeinen Gott ...«[42]. Vielmehr erreicht nach ihrer Überzeugung das spirituelle Ego des Menschen seine Rückkehr zum All-Einen »durch individuelle Verdienste und Anstrengungen«[43]. Zwar will Blavatsky

---

38 Kardec, a. a. O., 43 und 65. Das Dogma von der »Auferstehung des Fleisches« wurde grobschlächtig als »Bestätigung der durch die Geister gelehrten Wiedereinverleibung« umgedeutet (391).

39 Exemplarisch für den bis heute anhaltenden Streit ist das Büchlein »Geister warnen vor Geistern!« aus der Feder des Spiritisten Wilhelm Otto Roesermueller, der rund 100 Jahre nach Kardec für eine vehemente Ablehnung der »Reinkarnation« kämpfte, nachdem ihm höhere Geister offenbart hatten: »Wir wandern auf dem Pfade des ewigen Fortschritts, wir können nie wieder in den Kindergarten irgendeines Erdenlebens zurückkehren ...« (Geister warnen vor Geistern, Nürnberg 1965², 30).

40 Vgl. Sylvia Cranston: H. P. B. Leben und Werk der Helena Petrovna Blavatsky, Begründerin der Modernen Theosophie, Satteldorf 1995.

41 Vgl. Helena Petrovna Blavatsky: Die entschleierte Isis, Bd. 1, Leipzig 1922², 12 und 374 f.

42 Helena Petrovna Blavatsky: Der Schlüssel zur Theosophie (1889), Satteldorf 1995³, 185 und 256. Dass Sachau die moderne Theosophie in seiner Untersuchung »westlicher Reinkarnationsvorstellungen« (a. a. O.) nicht eigens gewürdigt hat, ist unverständlich.

43 Helena Petrovna Blavatsky: Die Geheimlehre, Den Haag 1900-1906 (diverse unveränderte Auflagen), 4 Bände, hier Bd. I, 288 (vgl. auch 45).»In der Welt der Gedanken und

seltene Gnadeneinwirkungen als »gerechtes Mitleid« innerhalb des herrschenden Karmagesetzes nicht ganz ausschließen.[44] Aber ihr soteriologisches Konzept baut im Wesentlichen auf die spirituelle Autonomie des Subjekts, und zwar trotz der östlichen Bezüge unverkennbar im Horizont des westlichen Fortschrittsgedankens: Reinkarnation ist für sie »der Glaube an einen immer während en Fortschritt für jedes inkarnierende Ego oder jede göttliche Seele, in einer Evolution, die ... vom Materiellen zum Spirituellen führt und am Ende jeder Stufe absolute Einheit mit dem göttlichen Prinzip erreicht ... Jeder Zyklus bringt den Erwerb neuer Herrlichkeit, neuen Wissens und neuer Macht. Dies ist die Bestimmung jedes Egos, das so in jeder Welt und jeder Inkarnation sein eigener Erlöser wird.«[45] Der eigene Geist, dem ja schon nach Lessing die »Ewigkeit« gehört, wird hier explizit zum »einzigen Mittler zwischen sich und dem Universalgeiste«[46].

Aus höchster »Meister«-Quelle ist bei der geistigen Führerin der modernen Theosophie der Gedanke der Selbsterlösung autorisiert – nun in völlig unverkennbarem Kontrast zu christlicher Soteriologie. Diese entschiedene Abwendung von einem Kerngedanken der abendländischen Geistestradition hat nach Beginn des 20. Jahrhunderts beim Generalsekretär der deutschen Sektion der »Theosophischen Gesellschaft«, *Rudolf Steiner* (1861–1925),[47] Widerspruch hervorgerufen. Der visionäre Esoteriker hat gegen die Intention der internationalen Leitung das »Mysterium von Golgatha«, also die soteriologische Bedeutung des Christus Jesus neu zur Geltung zu bringen versucht. Dass ihm dieser Versuch gelungen sei, muss allerdings bezweifelt werden. Nicht nur, dass er einen höchst fragwürdigen, von okkulten Elementen durchsetzten Christus-Begriff konstruiert hat![48] Es ist vielmehr sein soteriologisches Konzept insgesamt, mit dem er

---

der Spiritualität macht man Fortschritte nur durch eigene Anstrengungen«, heißt es im Vorwort von Blavatskys »Schlüssel« (a. a. O., 17).

44 Vgl. Blavatsky, Geheimlehre I, 288 f.; Schlüssel, 276. Auch Gnade ist dabei Karma; und die Gerechtigkeit des Karma wird zugleich als eine barmherzige aufgefasst (Schlüssel, 182 und 184). Blavatsky siedelt solche Barmherzigkeit vor allem auf höheren Ebenen jenseits des Todes an.

45 Blavatsky, Schlüssel, 202.

46 Blavatsky, Geheimlehre I, 301.

47 Vgl. Gerhard Wehr: Rudolf Steiner. Leben, Erkenntnis, Kulturimpuls, München 1987; Christoph Lindenberg: Rudolf Steiner, Bd. 1: 1861–1914, Bd. 2: 1915–1925, Stuttgart 1997.

48 Vgl. W. Thiede: Wer ist der kosmische Christus? Göttingen 2001, IV. Kapitel.

dem neutestamentlichen Gnadenverständnis nicht gerecht wird.[49] Denn er reduziert Gnade im Grunde auf göttliche Hilfe zur Selbsthilfe.[50] Die kosmische Erlösungstat Christi korrespondiert dem Prinzip individueller Selbst-Erlösung qua Karma-Gesetz.[51] Steiner versucht so, östliches und westliches Reinkarnationsdenken auf einen Nenner zu bringen. Diese Synthese bekräftigt er mit den Worten: Nur »wer von der Grundanschauung des theosophischen Gedankens nicht viel versteht, mag sagen, der Gedanke von dem erlösenden Gott widerspreche der Selbsterlösung durch das Karma.«[52] Nach seiner Überzeugung »ist das Karma auf der einen Seite eine Erlösung des Menschen durch sich selbst, durch sein eigenes Bemühen, durch seinen stufenweisen Aufstieg zur Freiheit im Laufe der Wiederverkörperungen, und andererseits dasjenige, was den Menschen dem Christus annähert.«[53] Noch der späte Steiner lehrt als geistiges Haupt der »Anthroposophischen Gesellschaft« und als Inspirator der unter seinem Mitwirken gegründeten »Christengemeinschaft«: Die individuellen Sünden finden ihren »Ausgleich in dem, was durch Selbsterlösung erreicht werden muß; sie müssen durch Selbsterlösung im Verlaufe des irdischen oder überirdischen Lebens ausgeglichen werden«[54]. Hingegen gebe es neben den »subjektiven« Sünden auch die »objektive« Ursünde, die »Mutter aller übrigen Sünden«, sowie die objektiven Sündenfolgen, die nicht mehr ungeschehen, also vom Menschen auch nicht »wieder gutzumachen«, sondern allein von Christus »aufzulichten« seien. Klaus von Stieglitz bemerkt zu dieser soteriologischen Konzeption treffend: Es besteht die Gefahr, dass Steiners »Kar-

---

49 Siehe W. Thiede: Erlösung plus Selbsterlösung. Wie Rudolf Steiner Gnade und Karma verband, in: Materialdienst der EZW 68 (2005), 135–139.

50 Ein Anthroposoph unserer Tage formuliert: Auch wenn die Steinersche »Geistesforschung nicht fortwährend von Gnade redet, kennt sie diese als letzte Instanz« (Arnold Suckau: Anthroposophie und häretische Strömungen, in: ders. u. a.: Christentum, Anthroposophie, Waldorfschule, Stuttgart 1987³, 33–41, hier 37). Als »letzte Instanz« – allerdings innerhalb eines synergistischen Geflechts!

51 Vgl. insgesamt Helmut Zander: Reinkarnation und Christentum. Rudolf Steiners Theorie der Wiederverkörperung im Dialog mit der Theologie, Paderborn 1995; Sachau, Reinkarnationsvorstellungen, a. a. O., 137 ff.

52 GA [= Gesamtausgabe, Band:] 96, 306 (1907).

53 Steiner: GA 94, 116.

54 GA 343, 401 (1921). »Die persönliche Sünde ... muß in Selbsterlösung abgetragen werden. Aber ist es dann nicht möglich, bei etwas, was der Mensch durch sich selbst vollbringen soll, ihm dabei zu helfen?« (GA 343, 640).

ma-Denken den Menschen unfähig und unwillig macht, die Gnade Gottes in ihrer überwältigenden Fülle anzunehmen«[55]. Der Grund dafür liegt in der spiritualistischen Auffassung vom Menschen als einem eigentlich überirdischen Wesen:[56] Mit der gnostisierenden Behauptung eines »ewigen Wesenskernes des Menschen«[57], ja, des »Göttlichen«[58] in ihm ist der zu Erlösende seit dem »Mysterium von Golgatha« wesenhaft zum Mitwirken an seiner Erlösung befähigt. Und was er kann, das muss er dann auch – eben seinen Anteil zum Heil leisten![59] Der Mensch hat daher laut Steiner selbst »zum Sündenfall nach und nach durch die Kraft seines Erkennens ein Aus-der-Sünde-sich-Erheben hinzuzufügen, eine Sündenerhebung herauszuarbeiten ...«[60]. Die Christusgnade wird damit auf einen begünstigenden Bedingungsrahmen zurückgeschraubt, auf einen »Impuls«, der zwar unentbehrlich, aber jedenfalls ergänzungsbedürftig ist. Obwohl Steiner ernsthaft versucht, im theosophischen Reinkarnationskonzept ein Stück christlicher Soteriologie zentral zu verankern, gelingt es ihm nicht, dessen eigentliches Zentrum zu entmachten: die dem Menschen nach seinem ewigen Wesen eignende Gabe und Aufgabe zur Selbsterlösung.

Insofern erweist sich seine Anreicherung des westlichen Reinkarnationskonzepts durch Elemente christlicher Soteriologie als ein gekünsteltes Aufpropfen, das für dieses Konzept selbst durchaus entbehrlich ist. Und tatsächlich geht die weitere Zunahme westlichen Reinkarnationsglaubens im 20. Jahrhundert großenteils ohne christliche Bezüge einher. Ein entscheidender Anstoß kam ab 1950 von dem Esoteriker und Science-fiction-Schriftsteller *Lafayette Ron Hubbard* (1911–1986), der das Zurückgehen in

---

55 Klaus von Stieglitz: Einladung zur Freiheit. Gespräch mit der Anthroposophie, Stuttgart 1996, 222.

56 Vgl. Rudolf Steiner: GA 25, 61. Des Menschen Prä- und Postexistenz stehen »geisteswissenschaftlich« ebenso fest (GA 343, 446) wie der ontologische Satz: »Aus Gott bin ich geboren« (GA 214, 171).

57 Vgl. Steiner: GA 215, 108; ebenso 110 f.

58 Steiner: GA 139, 195. Vgl. auch Georg Merz: Der Einbruch des Mysterienglaubens in die Kirche der Gegenwart (1931), in: ders.: Um Glauben und Leben nach Luthers Lehre, hg. v. F. W. Kantzenbach, München 1961, 277– 295, bes. 286 f.

59 Dass es bei Steiner »auf der ganzen Linie um ein Zusammenwirken von Gott und Mensch im Werk der Erlösung« geht, wird auch eingeräumt von Hellmut Haug: Die Legende von der Selbsterlösung, in: A. Suckau u. a. (Hg.): Christentum, Anthroposophie, Waldorfschule, Stuttgart 1973, 42– 50, hier 47.

60 GA 220, 142.

angebliche »frühere Leben« mittels Hypnose methodisierte und durch seine »Scientology«-Technologie zu popularisieren verstand.[61] Der Reinkarnationsgedanke wird hier gleichermaßen westlich und östlich interpretiert:
»Zum erstenmal in der langen, düsteren Geschichte des Menschen kann
ein menschliches Wesen innerhalb von einem Leben zu Freiheit und Weisheit finden«, nämlich zur Befreiung »vom ewigen Kreislauf des Geboren-
werdens und Sterbens«, heißt es in einer Scientology-Werbebroschüre.[62]
Damit war nun der Glaube an Wiederverkörperung in den Kontext einer
modernen Weltanschauung eingebunden, die sich kraft ihres methodi-
sierten Erfahrungsbezugs nicht nur »Religion«, sondern gleichermaßen
»Technologie« nannte. Diese Soteriologie der Machbarkeit entsprach dem
gewachsenen Bedürfnis nach spiritueller Autonomie vollkommen.

Im Laufe der folgenden Jahrzehnte breiteten sich die meist mit esoterischen Theorien einhergehenden Verfahren der sogenannten Reinkarnationstherapie international rasant aus. Zweifellos trugen sie – neben mis-
sionarischen Anstrengungen des Reformhinduismus[63] – erheblich zur
westlichen Akzeptanzsteigerung des Reinkarnationsglaubens bei, zumal
sie medial bestens weitervermittelt wurden. Die Plausibilität dieser erfahrungsbezogenen Lehren hat in unserer Gesellschaft im ungefähr gleichen
Maß zugenommen, in dem die Attraktivität christlicher Eschatologie ab-
genommen hat.

---

61 Vgl. Werner Thiede: Scientology – Religion oder Geistesmagie? Neukirchen-Vluyn
   1995². Hubbards »dianetische« Technik benutzte hypnoseähnliche Elemente, um
   traumatische Erinnerungsspuren zwecks kathartischer Abarbeitung aufzuspüren.
   Da Hubbard solche geistigen Eindrücke, die er »Engramme« nannte, schon im Mut-
   terleib entstehen sah, bemühten er und seine Anhängerscharen sich intensiv um das
   Aufspüren auch vorgeburtlicher Engramme. Dabei stießen sie überraschend auf
   spontan geäußerte Erinnerungen an »frühere Leben«, also auf das Phänomen der
   Reinkarnation. So erklärt Hubbard 1960 in seinem Buch »Haben Sie vor diesem Leben
   gelebt?«: »Als die Techniken der Dianetik angewendet wurden, öffneten sie die Tür
   zu früheren Leben« (Kopenhagen 1978, 354).
62 »Die Zeiten müssen sich ändern« (1990), 21.
63 Vgl. Reinhart Hummel: Indische Mission und neue Frömmigkeit im Westen, Stuttgart 1980.

3. Die theologische Herausforderung durch den Reinkarnationsglauben

Auf Grund der massenhaft beigebrachten Materialien aus hypnotischen Rückführungssitzungen ergaben sich vor allem zwei Fragestellungen. Die eine betraf die Stichhaltigkeit angeblicher Beweise für die jeweils behaupteten Identitäten.[64] Ganz abgesehen von erkenntnistheoretischen Zweifeln[65] lässt sich hierzu sagen, dass bis heute überzeugende Beweise nicht vorliegen[66] – übrigens auch nicht durch Spontanerinnerungen von Kleinkindern,[67] die in der Regel kaum zufällig in solchen Ländern auftreten, in denen man an Reinkarnation glaubt, und ebenso wenig auf dem Feld der sogenannten Todesnähe-Forschung.[68] Im Rückblick auf rund 200 selbst durchgeführte Hypnose-Regressionen betont der esoterisch aufgeschlossene Mediziner und Psychologe Raymond A. Moody: »Bei den plastischen Rückführungserlebnissen handelte es sich durchweg um faszinierende Dramen, nach deren Herkunft man in vielen Fällen nicht lange zu suchen brauchte. Ein Teil ließ sich unschwer als Widerschein von Beziehungsproblemen oder latent neurotischen Bedingungen in den derzeitigen Lebensumständen der Versuchsperson identifizieren. Andere Erlebnisse wiederum brachten unverkennbar das Selbstkonzept – den persönlichen My-

---

64 Vgl. z. B. Helen Wambach: Leben vor dem Leben. Verblüffende Testergebnisse beweisen: Es gibt ein Leben von der Geburt, München 1980.

65 Vgl. Walter Sparn: Die Reinkarnationslehre: eine religiöse und kulturelle Herausforderung an das Christentum, in: Arbeitshilfe für den christlichen Religionsunterricht an Gymnasien, Folge I, Erlangen 1997, 3– 30, bes. 20.

66 Vgl. Werner Thiede: Indizien für Reinkarnation?, in: Materialdienst der EZW 52 (1989), 161–174; ders.: Reinkarnation und Seelenwanderung, in: S.-H. Lee-Linke (Hg.): Auferstehung oder Reinkarnation?, Frankfurt a. M. 2006, 23–44; Zander, a. a. O., 570 ff.

67 Vgl. Trutz Hardo: Reinkarnation aktuell. Kinder beweisen ihre Wiedergeburt, Güllesheim 2000; Erlendur Haraldsson: Kinder und Erinnerungen an frühere Leben, in: St. Grof u. a.: Wir wissen mehr als unser Gehirn, Freiburg i. Br. 2003, 91–112. Friedrich Huber bemerkt: »Der Zusammenhang zwischen spiritueller Reife und der Erkenntnis früherer Geburten ist in den Geschichten spontaner Rückerinnerung völlig verloren gegangen« (Die Reinkarnationsvorstellungen in den asiatischen Religionen und im Europa des 20. Jahrhunderts, in: ZRGG 44, [1992], 15–32, hier 24). Vgl. auch Thiede, Sektierertum, 161 ff.

68 Vgl. Werner Thiede: Todesnähe-Forschung – Annäherung an die Innenseite des Todes?, in: H. Knoblauch/H.-G. Soeffner (Hg.): Todesnähe, Konstanz 1999, 159–186; ders.: Thanatologie und Theologie, in: Glaube und Denken 14 (2001), 111–137.

thos – der Versuchsperson zum Vorschein.«[69] Dass selbst esoterische Anhänger der Reinkarnationsidee zunehmend deren Nichtbeweisbarkeit einräumen, sollte christlichen Theologen argumentativ präsent sein.

Die zweite Fragestellung, die sich angesichts der oft eindrücklichen Phänomene aufdrängte, war die nach der Möglichkeit eines mehr oder weniger einheitlichen Deutungsrahmens. Theologie und Kirche konnten hier kaum weiterhelfen; also wurden esoterische Denker bemüht. Stellvertretend für andere[70] sei hier der erste und bis heute bekannteste Reinkarnationstherapeut in Deutschland[71] genannt: der Münchener Psychologe und Hypnotiseur *Thorwald Dethlefsen*[72], mittlerweile Gründer einer »Kirche des Neuen Aeons«[73]. Sein Buch »Das Erlebnis der Wiedergeburt« von 1976, im Kontext der »New Age«-Begeisterung ein Best- und Longseller, verhieß im Untertitel »Heilung durch Reinkarnation«. 1988 legte Dethlefsen in einem Vortrag auf den Baseler Psi-Tagen dar: Reinkarnationstherapie darf sich nicht mit Heilung begnügen, sondern sie muss das Heil wollen – im Sinne von Ganzheitlichkeit durch Eingliederung des Selbsts in die Total-Identität der ewigen Einheit. Indem das Ich sich in den psychischen Rückführungen in einer Vielheit von Leben erfährt, erkennt es zunehmend die Kehrseite der Vielheit: »Alles ist *eins*«; letztlich »ist immer alles in uns. ... Der menschliche Weg beginnt in der Einheit und endet in der Einheit. In Wirklichkeit sind wir alles.«[74] Damit arbeitet Dethlefsen die implizite Metaphysik des Karmadenkens heraus. Sein Rekurs auf die soteriologische Funktion »kosmischen Bewusstseins« läuft unverkennbar auf eine Synthe-

---

69 Raymond A. Moody: Leben vor dem Leben, Reinbek 1990, 260. Vgl. auch die kritischen Bemerkungen des Theosophen John Algeo: Reinkarnation. Evolution der Seele, Satteldorf 1991, 77 ff.

70 Vgl. z. B. Stefan von Jankovich: Reinkarnation als Realität, München 1993, 81.

71 Ein Indiz für die erfolgte Popularisierung auch hierzulande bildet die Ausstrahlung einer insgesamt dreistündigen (!) Abendsendung über Reinkarnation im ZDF am 9.1.1986 (dazu mein Artikel: ZDF und Reinkarnationsglaube, in: Korrespondenzblatt des bayerischen Pfarrervereins 101 [1986], 69 f.).

72 Vgl. Thorwald Dethlefsen: Das Erlebnis der Wiedergeburt. Heilung durch Reinkarnation, München 1981⁴; ders.: Schicksal als Chance, München 1980. Zu Dethlefsen als Reinkarnationstherapeut siehe Sachau, a. a. O., 161 ff.

73 Vgl. Matthias Pöhlmann: Mythos, Macht, Magie. Thorwald Dethlefsens »Kawwana – Kirche des Neuen Aeon«, in: Materialdienst der EZW 62 (1999), 353–362.

74 Thorwald Dethlefsen: »Den Schatten angliedern« – Die theoretischen Grundlagen der Reinkarnationstherapie, in: H. Wiesendanger (Hg.): Wiedergeburt. Herausforderung für das westliche Denken, Frankfurt a. M. 1991, 71–96, hier 89 und 93.

se von westlichem und östlichem Reinkarnationsglauben hinaus: Das »Heil« der »Selbstfindung« – ein eher westliches Ziel – bedeutet für ihn in gleichzeitiger Anlehnung an hinduistisches Gedankengut das Einswerden mit der göttlichen Einheit der Unendlichkeit jenseits von Raum und Zeit. Das »Vehikel« der Wiederverkörperungen hat demnach erst mit dem Erreichen solch mystischer Vollkommenheit seine »Aufgabe erfüllt«[75]. In diese Richtung also weisen die im Westen (und nur im Westen!) so beliebten Rückführungspraktiken dort, wo man sich nicht – wie so oft[76] – mit ihrer oberflächlichen Rezeption begnügt: Sie lassen eine westöstliche[77] Soteriologie zu Tage treten, für die in der Regel das christliche Heilsverständnis unerheblich bleibt.

Der historische Durchgang durch die wichtigsten Stationen in der Entwicklung des westlichen Reinkarnationsglaubens hat hinlänglich gezeigt: Es gibt ihn in unserem Kulturkreis kaum ohne einen ihm innewohnenden soteriologischen Sinngehalt. Insofern stellt er für die christliche Theologie nicht allein eine eschatologische oder auch anthropologische[78] Herausforderung dar, wie oft zu hören ist. Vielmehr besteht gerade der soteriologische Gehalt nahezu durchgängig – ob nun implizit oder expli-

---

75 Dethlefsen, a. a. O., 96.

76 Von »Vulgär-Esoterik« spricht in diesem Zusammenhang zu Recht Jörg Wichmann: Zur Veränderung des Reinkarnationsglaubens in der westlichen Kultur und Esoterik, in: H. Kochanek (Hg.): Reinkarnation oder Auferstehung. Konsequenzen für das Leben, Freiburg i. Br. u. a. 1992, 181–193, bes. 184 f.

77 Westöstliche Gesinnung verrät selbst der Begründer der Altbuddhistischen Gemeinde in Deutschland: Georg Grimm: Buddhistische Weisheit, Satteldorf 1996⁶: Er meint, jenseits des Weltlichen sei sehr wohl unser wahres Selbst als das Göttliche präsent. Somit sei das wahre Ich jenseits aller Erkenntnis und damit jenseits der Welt als der Zusammenfassung alles Erkennbaren. Das Nirwana bedeute keineswegs absolute Vernichtung, sondern den Gegensatz zur Welt, eben das wahre Ich, das zeitlos in aller Zeit vorhanden sei.

78 Die theologische Anthropologie ist herausgefordert, aus der Perspektive der Lehre von der Gottebenbildlichkeit des Menschen bejahend wie verneinend Stellung zu beziehen. Das radikale, verheißungsvolle Ja zum Menschen ist in der Menschwerdung Gottes in Jesus Christus verankert. Die Rechtfertigungsbotschaft impliziert auch eine mangelhafte Integrität des Menschen. Neuzeitlich gewachsene Meinungen, im evolutiven Fortschritt könne dank Reinkarnation irgendwann eine Reifestufe der Sündlosigkeit erreicht werden, setzen wahrhaft göttliche Fähigkeiten des Menschen voraus und widersprechen der christlichen Anthropologie zutiefst. Ihr widerstreiten außerdem die dualistischen oder sogar bis zu siebengliedrigen Menschenbilder esoterischer Reinkarnationssysteme.

zit – in einer partiellen oder einer vollständigen »Selbsterlösung«[79]. Dabei wird das »Selbst« als im Kern überirdisch interpretiert und von daher zu solcher Selbsterlösung potenziell für fähig gehalten. Eine zweifelhafte Korrespondenz zum Reinkarnationsgedankens sieht hier – unter Berufung auf Karl Rahner[80] – der katholische Theologe Perry Schmidt-Leukel.[81] Angesichts des zunehmenden Herandrängens reinkarnatorischen Denkens stellt sich in dieser Hinsicht die theologische Entscheidungsfrage: Soll man die Radikalität und Authentizität der christlichen Rechtfertigungslehre dem Sog eines verflachenden Gnadenverständnisses ausliefern[82] – oder nicht vielmehr ihre Kernstruktur umso deutlicher konturieren? Recht verstanden leugnet die christliche Gnadenlehre zwar keineswegs ein existentielles Beteiligtsein des Menschen im Erfahren des Heils. Aber sie betrachtet Gottes Gnadengeschenk als unvereinbar mit dem Rechnen auf »neue Chancen«, weil es über alles menschliche Gelingen und Misslingen hinaus gilt. Michael von Brücks These, die christliche Soteriologie bleibe unabhängig davon in Geltung, ob sie sich mit reinkarnatorischen Konzepten verbinde oder nicht, erweist sich insofern als unhaltbar. Besteht doch unzweifelhaft ein soteriologisches Konkurrenzverhältnis zwischen dem neutestamentlichen Erlösungsverständnis und religiösen Konzepten, denen auch nur teilweise so etwas wie »Selbsterlösung« inhärent ist! Mit dem Religionswissenschaftler Hans Waldenfels ist deshalb festzuhalten: »Es gibt keine Versöhnung zwischen dem christlichen Glauben und einer konsequent vertretenen Reinkarnationslehre.«[83] Der katholische Theologe und Kulturhis-

---

79   »Selbsterlösungstendenzen sind allen Karmakonzepten inhärent«, bemerkt Zander, a. a. O., 620.

80   Vgl. Karl Rahner SJ: Das christlich Verständnis der Erlösung, in: A. Bsteh (Hg.): Erlösung in Christentum und Buddhismus, Mödeing 1982, 112–127. Rahners Argumentation hängt indirekt damit zusammen, dass der Begriff der Verdienstlichkeit im römisch-katholischen Denken einen dogmatischen Ort hat.

81   Perry Schmidt-Leukel: Der Reinkarnationsgedanke – eine Herausforderung an die christliche Theologie, in: ders. (Hg.): Die Idee der Reinkarnation in Ost und West, München 1996, 177–204, hier 194 f.

82   Solche »Regression des Christentums auf eine Religion der selbst geleisteten, ›göttlich‹ unterstützten Selbstvergöttlichung« kann theologisch nicht ernsthaft gewollt werden, wie Sparn (a. a. O., 29) verdeutlicht. Man muss zugleich sehen, wie hier theologisch auch Einflüsse katholischen Fegfeuer- und Läuterungsglaubens in Verbindung mit der Lehre von der Willensfreiheit wirksam werden (vgl. Herbert Vorgrimler: Und das ewige Leben. Amen, Münster 2006, 59–68).

83   Hans Waldenfels: Auferstehung, Reinkarnation, Nichts?, in: H. Kochanek (Hg.): Reinkarnation oder Auferstehung, Freiburg i. Br. 1992, 248–262, hier 259.

toriker Helmut Zander bestätigt: »Mit der Aufnahme der Reinkarnationsvorstellung wäre das Christentum eine andere Religion geworden.«[84] Der biblische Begriff von »Wiedergeburt«[85] illustriert die innere Differenz: »Ihr müsst von neuem geboren werden«, sagt der johanneische Jesus. Nur wer vom Geist Gottes wiedergeboren[86] ist – so der spirituelle Sinn der Aussage –, hat das Heil, kommt ins Königreich Gottes. Dieses Verständnis von »Wiedergeburt« bezieht sich auf das von Christus her mögliche Erlösungswirken des Heiligen Geistes am Menschen, das ihn zum Glauben und damit zum ewigen Leben führt. So wenig ein Säugling sich selbst zu gebären vermag, so abwegig wäre es, »Wiedergeburt« in diesem Sinn in irgendeiner Weise mit »Selbsterlösung« zusammenzubringen. Derselbe soteriologische Sachverhalt ist dem 3. Kapitel des Titusbriefs zu entnehmen, wo es heißt: Nicht Werke rechtfertigen, sondern Gott schenkt das Heil nach seiner Barmherzigkeit durch das Bad der Wiedergeburt im Heiligen Geist. Das ist »kirchliche Esoterik« in ihrer mystischen Dimension: Wer mit Jesus Christus verbunden ist, ist mit ihm »*ein* Geist« (1. Kor 6,17). Der Geist Christi stiftet eine neue, ewige Identität. Aber hier handelt es sich nicht um esoterische Substanzmystik, sondern um Liebesmystik:[87] Die verwandelnde Zusage gilt keinem abstrakten Selbst, vielmehr dem Menschen in seiner konkreten Vorfindlichkeit und leibseelischen Ganzheit. Wer an Christus glaubt, ist wiedergeboren zu einer »neuen Kreatur« (2. Kor 5,17): Er bleibt Geschöpf, dem freilich in seiner Unverwechselbarkeit Auferstehung[88] verheißen ist, wenn einst die Schöpfung insgesamt ihre »Wiederge-

84   Zander, Seelenwanderung, 152.
85   Vgl. Werner Thiede: Art. Wiedergeburt. III. Christentum, 3. Praktisch-theologisch, in: RGG⁴ 8 (2005), Sp. 1531 f.
86   »Renatus« übersetzen einige lateinische (!) Bibel-Handschriften ausdrücklich – woraus Hermann Bauer vom »Universellen Leben« den Fehlschluss ableitet, hiermit würde Reinkarnation als urchristlich (!) erweisen (a. a. O., 60 f.). Missverständlich klingt im Übrigen der Buchtitel »Ewiges Leben oder Wiedergeburt?« von Michael von Brück (Freiburg i. Br. 2007): Die hier formulierte Alternative ist nicht nur nach christlichem Begriffsverständnis keine, sondern auch nicht für manche Religionen und Esoteriker, denen zufolge Seelenwanderung in »ewiges Leben« mündet.
87   Vgl. Werner Thiede: Mystik im Zentrum – Mystik am Rand, in: Materialdienst der EZW 69 (2006), 363–378 und 403–413.
88   Vgl. Oscar Cullmann: Unsterblichkeit der Seele oder Auferstehung der Toten? Antwort des Neuen Testaments, Stuttgart 1986 (Neuausgabe); Jörg Baur: Unsterblichkeit der Seele und Auferstehung der Toten, in: ders.: Einsicht und Glaube, Göttingen 1978, 25–49.

burt« (Matth 19,28) erfährt. Als individuelles Geschöpf wird er der unverbrüchlichen Liebesgemeinschaft mit Gott gewürdigt – unabhängig von seiner Schuld oder Leistung. Der schenkende Gott Jesu Christi will den Glauben an die Erlösung nicht durch *Reinkarnation*, sondern durch die *Inkarnation* seines Sohnes mit all ihren Folgen. Und um diesen Glauben selbst schenken zu können, bedarf er solcher Botschafterinnen und Botschafter, die sich – natürliche Religiosität hin, liberale Theologie her[89] – klar darüber sind, warum Wiedergeburt angesagt ist und nicht Wiederverkörperung. Ebenso klar sollte ihnen theologisch sein, warum Seelenunsterblichkeit für christliche Spiritualität in der ganzheitlichen Verbindung mit universaler Auferstehungshoffnung[90] selbstverständlich, Seelenwanderung aber obsolet ist.[91] Nur wo »kirchliche Esoterik« in diesem Sinn das traditionelle Bekenntnis zur »Auferstehung der Toten« festzuhalten und in theologischer Durchdringung als unübertroffene Erlösungs- und Verheißungsperspektive anzubieten weiß, ergeben sich spirituelle Chancen gegenüber dem Siegeszug esoterischer Seelenwanderungslehren.

Hierbei kommt es entscheidend auf das dynamische Miteinander von präsentischer und futurischer Eschatologie an, wie es im Neuen Testament grundgelegt ist. Allein die hierin gründende Gewissheit des Rechtfertigungsglaubens hat ein spirituelles Gewicht, das esoterische Erfahrungsgewissheit[92] zu überbieten vermag, weil sie im Hereinholen des Zieles aller

---

89 Klaus-Peter Jörns resümmiert: »Die klassische Eschatologie ... ist offenbar kurz vor dem Verschwinden – auch bei den Theologengruppen. Klar aber ist, dass zwischen denen, die diese Vorstellungen noch teilen, und der großen Mehrheit, die das nicht tut, Welten klaffen – bzw. Weltbildunterschiede, die sich auf die eschatologischen Vorstellungen auswirken« (Die neuen Gesichter Gottes, München 1999², 208).

90 Ohne diese Korrelation, diese ganzheitlich orientierte Eschatologie wäre die Rede von der Unsterblichkeit der Seele freilich theologisch obsolet (vgl. Vorgrimler, a. a. O., 30 f.).

91 Friedrich Hubers Erwägung, eine Renaissance des Unsterblichkeitsgedankens könne »einen möglichen Anknüpfungspunkt für eine christlich interpretierte Reinkarnationsvorstellung« bieten (a. a. O., 30 passim), führt demgegenüber theologisch auf Abwege.

92 Diese besteht nicht zuletzt in Bezug auf »Reinkarnationserfahrungen« ohne hinreichenden Grund, wie hier noch einmal zu unterstreichen ist. Beispielsweise betont der Mediziner und Sterbeforscher Raymond Moody am Ende seiner einschlägigen Studie (Leben vor dem Leben, Reinbek 1990), bezüglich der »Seelenwanderung« stünden die Beweise bisher noch aus. Auch der Psychologie- und Parapsychologieprofessor Johannes Mischo erklärt: »Eine überzeugende empirische Belegbasis für die Reinkarnation gibt es nach meiner persönlichen Einschätzung derzeit nicht« (Metho-

Zeit in die Gegenwart unüberholbare »Erfahrung mit der Erfahrung« (Eberhard Jüngel) darstellt. Zumal sich christliche Heilsgewissheit in futurischem Ausblick auf die Gesamtheit der Schöpfung erstreckt,[93] kann sie sich auch einem unrealistischen, ja unmenschlichen Harmonie-Denken gegenüber als stärker erweisen, das individuelles und sogar kollektives Leid in der Welt per Karma-Theorie zu beschönigen versucht.[94] Angesichts der offenkundigen Attraktivität esoterischer Rede von Reinkarnation, Seelenwanderung oder Wiederverkörperung in unserer Gesellschaft sollte christliche Theologie die Herausforderung der Esoterik deshalb getrost aufnehmen. Sie muss es nur entschlossener tun als bisher.

---

denprobleme der empirischen Reinkarnationsforschung, in: Grenzgebiete der Wissenschaft 41 [1992], 121–150, hier 148).

93 Vgl. bes. Röm 8,21 ff. Das heilsgeschichtlich-progressive Denken der christlichen Religion sollte das ihm entsprechende Hoffnungsmodell betonen. Dieses muss kritisch dem monistisch-regressiven Denken okkult orientierter Post-Religiosität gegenübergestellt werden. Das Leitsymbol »Reich Gottes« weist in eine andere Richtung als das okkult-esoterisch oft gebrauchte Symbol »Rückkehr«, ebenso wie das biblische Symbol »Auferstehung der Toten« einen anderen religiösen und theologischen Kontext verlangt als das nichtchristliche Modell »Reinkarnation«.

94 Gegen solches Harmonie-Denken argumentiere ich auch in meinem Buch »Der gekreuzigte Sinn« (Gütersloh 2007).

D. Literatur:
Bücher in Auswahl

Heiner *Barz:* Postmoderne Religion, Opladen 1992

Hans Michael *Baumgartner* (Hg.): Verführung statt Erleuchtung. Sekten – Scientology – Esoterik, Düsseldorf 1993

Hans *Bender:* Umgang mit dem Okkulten, Freiburg i. Br. 1984

Klaus *Berger:* Unendlich begeistert. Magie in den Bestsellern unserer Zeit, Asslar 1990

Michael *Bergunder/*Daniel *Cyranka* (Hg.): Esoterik und Christentum. Religionsgeschichtliche und theologische Perspektiven, Leipzig 2005

Franz *Binder:* Astrali Banali. Vom Mißbrauch der Esoterik, Ergolding 1992

Christoph *Bochinger:* »New Age« und moderne Religion, Gütersloh 1994

Pierre *Bovet:* Esoterik und Christentum im Dialog. Ein befreiendes Weltbild, Freiburg i. Br. 1994

Norbert *Brox:* Erleuchtung und Wiedergeburt. Aktualität der Gnosis, München 1989

Gertrud *Erni:* Christsein – evangelikal und esoterisch? Erlebnisse, Auseinandersetzungen und Wegsuche, München 1995

Antoine *Faivre:* Esoterik im Überblick. Geheime Geschichte des abendländischen Denkens, Freiburg i. Br. 2001

Viktor *Farkas:* Esoterik. Eine verborgene Wirklichkeit, Frankfurt a. M. 1990

Bernhard *Grom:* Hoffnungsträger Esoterik? Regensburg 2002

Friedrich-Wilhelm *Haack:* Europas neue Religion. Sekten – Gurus – Satanskult, Zürich-Wiesbaden 1991

Erwin *Haberer:* Herausforderung New Age, München 1989

Wouter Jacobus *Hanegraaff:* New Age Religion and Western Culture. Esotericism in the Mirror of Secular Thought, Leiden 1997

Burkhard H*aneke/*Karltheodor *Huttner* (Hg.): Spirituelle Aufbrüche, Regensburg 1991

Linus *Hauser:* Kritik der neomythischen Vernunft. Band 1: Menschen als Götter der Erde, Paderborn 2004

Hansjörg *Hemminger:* Geister, Hexen, Halloween. Esoterik und Okkultismus im Alltag, Gießen 2002

Hansjörg *Hemminger* (Hg.): Die Rückkehr der Zauberer. New Age. Eine Kritik, Reinbek 1987

K. *Hilpert* (Hg.): Wiederkehr des Religiösen? Metaphysische Sehnsucht, Christentum und Esoterik, Trier 2001

Hans-Joachim *Höhn* (Hg.): Krise der Immanenz. Religion an den Grenzen der Moderne, Frankfurt a. M. 1996

Reinhart *Hummel:* Religiöser Pluralismus oder christliches Abendland? Darmstadt 1994

Julia *Iwersen:* Lexikon der Esoterik, Düsseldorf-Zürich 2001

Julia *Iwersen:* Wege der Esoterik. Ideen und Ziele, Freiburg i. Br. 2003

Medard *Kehl:* New Age oder Neuer Bund? Mainz 1988

Michael *Krüggeler*/Fritz *Stolz* (Hg.): Ein jedes Herz in seiner Sprache ... Religiöse Individualisierung als Herausforderung für die Kirchen, Zürich-Basel 1996

Gottfried *Küenzlen:* Die Wiederkehr der Religion. Lage und Schicksal in der säkularen Moderne, München 2003

Joachim *Kunstmann:* Christentum in der Optionsgesellschaft. Postmoderne Perspektiven, Weinheim 1997

Hans-Dieter *Leuenberger:* Sieben Säulen der Esoterik, Freiburg 1989

Joachim *Müller* u. a.: Kontakte mit dem Jenseits? Spiritismus – aus christlicher Sicht, Freiburg–Zürich 1989

Monika *Neugebauer-Wölk* (Hg.): Aufklärung und Esoterik, Hamburg 1999

Rudolf *Passian:* Licht und Schatten der Esoterik, München 1991

Ulrike *Peters:* Schnellkurs Esoterik, Köln 2005

Werner *Ritter*/Heinz *Streib* (Hg.): Okkulte Faszination, Neukirchen-Vluyn 1997

Marc *Roberts:* Das neue Lexikon der Esoterik, Wien 1993

Edmund *Runggaldier:* Philosophie der Esoterik, Stuttgart-Berlin-Köln 1996

Hans-Jürgen *Ruppert:* Durchbruch zur Innenwelt, Stuttgart 1988

Hans-Jürgen *Ruppert:* Okkultismus. Geisterwelt oder neuer Weltgeist? Wuppertal 1990

Hans-Jürgen *Ruppert:* Theosophie – unterwegs zum okkulten Übermenschen, Konstanz 1993

P. *Rusterholz*/R. *Moser* (Hg.): Bewältigung und Verdrängung spiritueller Krisen. Esoterik als Kompensation von Defiziten der Wissenschaft und der Kirche, Bern 1998

Gerhard T. *Schindler:* Wegweiser Esoterik, München 1995

Georg *Schmid:* Im Dschungel der neuen Religiosität, Zürich 1992

Christof Schorsch: Die New Age-Bewegung. Utopie und Mythos der Neuen Zeit, Gütersloh 1988

Joseph *Schumacher:* Esoterik – die Religion des Übersinnlichen. Eine Orientierungshilfe nicht nur für Christen, Paderborn 1994

Hugo *Stamm:* Achtung Esoterik. Zwischen Spiritualität und Verführung, München–Zürich 2000

Heinz *Streib:* Entzauberung der Okkultfaszination. Magisches Denken und Handeln in der Adoleszenz als Herausforderung an die Praktische Theologie, Kampen 1996

Kocku *von Stuckrad:* Schamanismus und Esoterik. Kultur- und wissenschaftsgeschichtliche Betrachtungen, Leuven 2003

Kocku *von Stuckrad:* Was ist Esoterik? Kleine Geschichte des geheimen Wissens, München 2004

Josef *Sudbrack:* Neue Religiosität, Freiburg i. Br. 1987

Josef *Sudbrack:* Meditative Erfahrung – Quellgrund der Religionen? Mainz-Stuttgart 1994

Werner *Thiede:* Die mit dem Tod spielen. Okkultismus – Reinkarnation – Sterbeforschung, Gütersloh 1994

Werner *Thiede:* Esoterik – die postmoderne Dauerwelle, Neukirchen-Vluyn 1995

Werner *Thiede:* Der gekreuzigte Sinn. Eine trinitarische Theodizee, Gütersloh 2007

Werner *Thiede:* Wer ist der kosmische Christus? Karriere und Bedeutungswandel einer modernen Metapher, Göttingen 2001

Hans *Waldenfels:* Phänomen Christentum. Eine Weltreligion in der Welt der Religionen, Freiburg i. Br. 1994

Gerhard *Wehr:* Esoterisches Christentum (1975), Neuausgabe: Stuttgart 1995

Gerhard *Wehr:* Wörterbuch der Esoterik, Freiburg i. Br. 1989

Helmut *Werner:* Lexikon der Esoterik, Dreieich 1991

Jörg *Wichmann:* Die Renaissance der Esoterik, Stuttgart 1990

Heinz *Zahrnt:* Gotteswende. Christsein zwischen Atheismus und neuer Religiosität, München–Zürich 1989

Forum Theologische Literaturzeitung [ThLZ.F]

Kurt Nowak
Vernünftiges Christentum?
Über die Erforschung der Aufklärung in der evangelischen Theologie
Deutschlands seit 1945
ThLZ.F 2, 1999, 96 Seiten, ISBN 978-3-374-01745-4

Hans-Jürgen Hermisson
Alttestamentliche Theologie und Religionsgeschichte Israels
ThLZ.F 3, 2000, 104 Seiten, ISBN 978-3-374-01793-5

Gerhard Sauter
Evangelische Theologie an der Jahrtausendschwelle
ThLZ 4, 2002, 118 Seiten, ISBN 978-3-374-01823-9

Klaus Fitschen
Was ist Freiheit?
Liberale und demokratische Potentiale im Katholizismus (1789–1848)
ThLZ.F 5, 2001, 102 Seiten, ISBN 978-3-374-01857-4

Andreas Feldtkeller
Theologie und Religion
Eine Wissenschaft in ihrem Sinnzusammenhang
ThLZ.F 6, 2002, 110 Seiten, ISBN 978-3-374-01953-3

Ulrich H. Körtner
Vielfalt und Verbindlichkeit
Christliche Überlieferung in der pluralistischen Gesellschaft
ThLZ.F 7, 2002, 121 Seiten, ISBN 978-3-374-01952-6

Eckart Reinmuth
Neutestamentliche Historik
Probleme und Perspektiven
ThLZ.F 8, 2003, 88 Seiten, ISBN 978-3-374-02066-9

Otto Kaiser
Anweisungen zum gelingenden, gesegneten und ewigen Leben
Eine Einführung in die spätbiblischen Weisheitsbücher
ThLZ.F 9, 2003, 136 Seiten, ISBN 978-3-374-02067-6

Christian Grethlein
Kommunikation des Evangeliums in der Mediengesellschaft
ThLZ.F 10, 2003, 120 Seiten, ISBN 978-3-374-02086-7

Ingolf U. Dalferth
Evangelische Theologie als Interpretationspraxis
Eine systematische Orientierung
ThLZ.F 11/12, 2004, 208 Seiten, ISBN 978-3-374-02120-8

Christoph Markschies
Warum hat das Christentum in der Antike überlebt?
Ein Beitrag zum Gespräch zwischen Kirchengeschichte
und Systematischer Theologie
ThLZ.F 13, 2004, 68 Seiten, ISBN 978-3-374-02187-1

Helmut Goerlich/Wolfggang Huber/Karl Lehmann
Verfassung ohne Gottesbezug
Zu einer aktuellen europäischen Kontroverse
ThLZ.F 14, 2004, 88 Seiten, ISBN 978-3-374-02254-0

Ulrich Kühn
Zum evangelisch-katholischen Dialog
Grundfragen einer ökumenischen Verständigung
ThLZ.F 15, 2005, 96 Seiten, ISBN 978-3-374-02279-3

Martin Greschat
Kirchliche Zeitgeschichte
Versuch einer Orientierung
ThLZ.F 16, 2005, 112 Seiten, ISBN 978-3-374-02318-9

Ingolf Dalferth (Hrsg.)
Eine Wissenschaft oder viele?
Die Einheit evangelischer Theologie in der Sicht ihrer Disziplinen
ThLZ.F 17, 2006, 104 Seiten, ISBN 978-3-374-02353-0

Bernhardt Dressler
Unterscheidungen
Religion und Bildung
ThLZ.F 18/19, 2006, 208 Seiten, ISBN 978-3-374-02416-2

Werner Thiede
Theologie und Esoterik
Eine gegenseitige Herausforderung
ThLZ.F 20, 2007, 104 Seiten, ISBN 978-3-374-02481-0